ALEXANDER
FEST
VERLAG

Willi Winkler

BOB DYLAN. EIN LEBEN

Alexander Fest Verlag

»It must be wonderful to be God.«
BOB DYLAN

Die Legende vom heiligen Hobo **7**
BOY FROM THE NORTH COUNTRY

Die diebische Elster **23**
VILLAGE VOICE

Glory Days **41**
I SING THE BODY ELECTRIC

Speed Kills **53**
AMPHETAMINE JAHRE

Der englische Patient **67**
HÖRSTURZ

Motorcycle Nightmare **79**
DIE LEGENDE LEBT

New Morning **93**
TOD UND WIEDERGEBURT

Nach ihm die Sintflut **107**
SONG AND DANCE MAN

»Blood On The Tracks« **117**
DYLAN MALT SEIN MEISTERWERK

Glaubensgewißheiten und andere Irrfahrten **139**
HE NOT BUSY BEING BORN IS BUSY DYING

Heute dreißig Jahr **169**
NUN SINGET UND SEID FROH

Der Sänger, nicht der Song **177**
THE NEVER ENDING TOUR

FADE OUT **195**

Bücher und anderes **197**
Diskographie **199**
Bildnachweis **208**

Die Legende vom heiligen Hobo

BOY FROM THE NORTH COUNTRY

Als Erzählung leidet das Leben Jesu unter dem Mangel, daß praktisch nichts über seine Kindheit und Jugend bekannt ist. Er wurde unter nicht ganz eindeutigen Umständen geboren, zur vorgeschriebenen Zeit beschnitten und im Tempel dargestellt. Dort, er war wohl zwölf, verlor ihn seine Mutter aus den Augen und fand ihn wieder, wie er im Kreis der Schriftgelehrten hermeneutische Probleme der Bibellektüre diskutierte. Da kündigte sich Großes an. Zwölf erst, und schon ein richtiger Gelehrter! Aber sonst? Legenden mußten helfen, die Aussparung zu überbrücken. Jene zum Beispiel vom Jesusknaben, der nach Kinderart mit Lehm bazelte und dabei Vogelähnliches formte. Er klatschte in die Hände, der Kleine, und schon verwandelte sich die irdische Schwere in reine, überirdische Leichtigkeit, und die Vögel – *vo-la-re!* – erhoben sich in die Luft. Oder die Dornenkrone, die der unschuldige Knabe in der Werkstube seines Vaters, des übrigens sauber düpierten Zimmermanns Josef, zusammenflicht, worüber seine Mutter auch gleich in Tränen ausbricht: Jessasmaria!

Nach dieser schönen und gewiß heiligmäßigen Art und Weise der Präfiguration wird noch fast jede Künstlerlegende gestrickt. Denn irgendwoher, so haben wir es in der Schule und von der Milieutheorie gelernt, irgendwoher muß der Bub es doch haben. Die Geburt als gestiefelter und gespornter Erwachsener ist seit der göttlichen Athene leider etwas aus der Mode gekommen. Und da man eher nichts weiß, Aufzeichnungen selten sind, Augenzeugen vergessen und noch lieber verdrehen und der biographische Gegenstand erst recht der Legende den Vorzug vor der Wahrheit gibt, setzt der Bildungsroman spätestens im Mutterleib ein.

Oder hier.

Bob Dylan kam als Robert Allen Zimmerman am 24. Mai 1941 in der nordamerikanischen Stadt Duluth zur Welt.[1] Seine Mutter Beattie fühlte die Wehen nahen und sagte zu ihrem Mann Abraham: »Oh, Mercy!«

Könnte jedenfalls sein.

Was man weiß, hilft auch nicht weiter: Eisenwarenhändler der Vater, Frohnatur die Mutter, insgesamt ein liberales jüdisches Elternhaus in

---

1 In der offiziellen »Bootleg Series Vols. 1–3« (1991) findet sich ein Reisedokument faksimiliert, das »Robert Dylan« als braunhaarig und blauäugig ausweist, aber als seinen Geburtstag den 11. Mai 1941 angibt.

Links: Vater (Abe) und Mutter (Beattie) wird er verlassen, denn sein Reich ist
nicht von ihrer Welt und ganz bestimmt nicht in Hibbing.
Rechts: Schüler an der Hibbing Senior High School. Ein frühes Bild des Künstlers, der noch keiner ist, aber schon 16 und alles werden kann.

katholischer Umgebung, aber ohne viel religiöses Brim und Borium –
mußte er deshalb später den Fundamentalismus nachholen? Die feh-
lende Prägung, rachsüchtig meldete sie sich siebenmal siebenfach:
Robert Graves; bißchen Hindu- und Buddhismus; Bibelstudien im alt-
väterlichsten Geiste; dann wieder die Vineyard Foundation; die Lubavitcher; und daß außer ihm sowieso alle verdammt seien.
Könnte doch sein.
Was man weiß, ist nichts. Behilft man sich also mit jesusmäßigen
Geschichten. Der Vater, Abe, streng, aber zum Glück wohlhabend,
wurde Zeuge, wie sich bei seinem Erstgeborenen schon früh das kommende Talent zeigte. Trällerte er denn nicht bereits als Kleinkind
ins väterliche Bürodiktaphon? Und bei Geburtstagen, gaben sie ihm
nicht sogar Geld dafür, daß er sang? Und er war doch erst drei oder

vier Jahre alt. Der Musikkritiker Robert Shelton bezieht diese Anekdoten direkt von der Familie, wenn sie ihm nicht der erwachsene Mythenfabrikant Bob Dylan gleich selber soufflierte. Die Legende wird gedruckt, das weiß jeder Western-Regisseur, und nicht etwa die Wahrheit. 1964, als sich Bob Dylan, im konspirativen Verein mit Manager Albert Grossman, schon ziemlich gut auf sein öffentliches Image verstand, unterlief den beiden der Kunstfehler, daß aus einer als PR geplanten Story im Nachrichtenmagazin »Newsweek« eine Enthüllungsgeschichte wurde: Dylan heißt in Wirklichkeit Zimmerman, verriet die Reporterin; er war gar nicht jahrelang auf der Landstraße; und seine Liedtexte sind sowieso banal. Außerdem, der bekannteste davon, der von »Blowin' In The Wind«, sei überhaupt nicht von Dylan, sondern den habe er einem Oberschüler abgekauft – sagen wir mal so: Der Wahrheitsfindung diente die Geschichte vielleicht nicht, aber sie mehrte den Ruhm des vermeintlich Entlarvten ganz ungemein.

In Hibbing wuchs Bob Dylan auf, siebzig Meilen von Duluth entfernt. Also noch kleiner, noch metropolenferner, noch näher an der kanadischen Grenze. In Hibbing wurde Eisenerz gefördert, eins der größten Vorkommen in den Vereinigten Staaten. Dafür hatte man die Häuser zuweilen sogar umgesetzt, die Straßenführung geändert und die ganze Stadt unterhöhlt. Nun war das Metallvorkommen ziemlich erschöpft, die Grundstückspreise verfielen, die Leute wurden arbeitslos. Hibbing in der Nachkriegszeit hätte sich gut als Schauplatz für ein B-Picture geeignet, eine sterbende Stadt; Existentialismus nach außen gestülpt. »Used to play in the cemetery / Dance and sing and run when I was a child«, singt Dylan 1974 in dem Lied »Nobody, 'Cept You«. Tod, Vergänglichkeit, Verlustgefühle sind große Themen schon in den Songs, die er auf seiner ersten Platte, »Bob Dylan«, vorträgt; Pose natürlich, denn was hat ein junger Mann von zwanzig Jahren mit dem Tod zu schaffen? Ja, was? Er aber hatte das Sterben seiner Heimatstadt gesehen. Auch kein reiner Spaß.

Wer nichts weiß von Dylan, weiß doch, daß er seinen Namen geändert hat, und zwar, weiß jeder weiter, aus Verehrung für den walisischen Dichter Dylan Thomas, der 1960 unter klassischen Umständen sein Leben im New Yorker Chelsea Hotel versoff und gottgefällig verschied. In seinen Texten gibt Dylan nicht den geringsten Hinweis auf Dylan Thomas, zu finden ist nur ein Robert Milkwood Thomas, eines seiner vielen Pseudonyme als Sessionmusiker bei Freunden, das sich notfalls auf Thomas' Hörspiel »Under Milk Wood« (1954) beziehen könnte. Wahrscheinlicher als Taufpate ist der Seriendarsteller Matt Dillon, ewiger Sheriff in den »Rauchenden Colts«. Die Form mit dem y sieht natürlich um vieles edler, auch keltischer und britisch-protestantischer aus, so weit wie möglich entfernt also von einer jüdischen Herkunft. Der Antisemitismus war in den Fünfzigern und Sechzigern gewaltig in den USA.

Für einen halbwegs intelligenten Teenager gab es nichts zu lernen in Hibbing außer Rock 'n' Roll. Der kam aus dem Radio, der ließ sich kaufen, und wie sonst hätte man sich gegen die Zumutungen der Schule und der Eltern wehren können? Die Eltern wollten natürlich nur sein Bestes, und dazu gehörten regelmäßiger Schulbesuch, Zimmer aufräumen, nett und früh zu Hause sein. »Thought I'd shaken the wonder and the phantoms of my youth / Rainy days on the Great Lakes, walkin' the hills of old Duluth.« Bloß weg da.

Bob Dylan mußte fort von zu Hause. Sein Vater wies ihn zurecht, wenn er nur wagte, die Stimme zu erheben, und zerriß einmal sogar ein Bild von James Dean. Die bekannten Leiden eines Knaben. Längst vorgeschrieben im Buch der Bücher, in der ersten Künstlerlegende. Auch Jesus verließ Vater und Mutter und seine Heimatstadt, weil er nicht so ganz von dieser Welt war. Die Diskussion mit den Schriftgelehrten hatte es doch bestimmt: Bethlehem oder später Nazareth war einfach zu klein für einen, der so lebhaft träumte; er mußte weiter. Auf Vorhaltungen seiner Mutter wollte er dann nichts mehr wissen von ihr. »*Das* sind meine Mutter und meine Brüder«, sagte er und wies auf seine Jünger. Kann man ja verstehen. Auch begreiflich, daß später immer wieder jemand Dylan an seine provinzielle Herkunft erinnern mußte und damit alles zu erklären meinte. Beim großen Vorläufer lautete der Vorwurf nicht weniger kleinlich (Mt 13,54 f.): »Woher hat dieser Mann seine Weisheit, woher die Kraft, diese Werke zu tun? Ist er nicht der Sohn des Zimmermanns?« Gute Frage.

Der Reporter Larry Sloman hat im Herbst 1975 Beattie Zimmerman eine Bestätigung dafür entlockt: »Dylan ist Dylan, und ich bin Zimmerman. Was mein Sohn geschafft hat, hat er ohne seinen Vater und mich geschafft. Er wurde uns geboren, aber dann ging er fort und machte alles ganz allein.«

Jimmy Dean war wenigstens kein Feigling. Und schon gar nicht werden wie Vater und Mutter und alle. Die Jacke außerdem und erst diese Haare!

Er nahm den Highway 61 und suchte das Weite. Oder: »Hibbing 's a good ol' town / I ran away from it when I was 10, 12, 13, 15, 15 ½, 17 an' 18 / I been caught an' brought back all but once.«
Gelogen, alles.
Izzy Young vom Folklore Center in Greenwich Village, in dem er an-fangs Tag für Tag rumstand und sich an den Instrumenten bediente, hat Dylan noch ein paar weitere Bausteine für den Künstlerroman geliefert. In Minnesota geboren, ja, aber schon als Kind sei er nach Gallup in New Mexico (gelegen praktischerweise an der Route 66) umgezogen, ein blinder (oha!) Straßensänger in Chicago habe ihn den Blues gelehrt, in Kalifornien (wo er nie war) habe er Woody Guthrie kennengelernt, in Nashville sei er, logisch, auch gewesen und, genau,

12

Carl Perkins singe seine Lieder (Chuzpe, denn das hätte man notfalls nachprüfen können), und wenn er bei Bobby Vees Band geblieben wär', dann wär' er heute Mil-li-o-när! Aber Geld, nein, also wegen des Geldes würde er nicht Musik machen.

Cool.

Was man weiß, was die unermüdlichen Dylan-Schliemänner ausgraben konnten, ist kein großer Schatz, sondern eine normale Kindheit in der Provinz. In der schön kurzen Autobiographie »111 Outlined Epitaphs« (schon wieder Gräber!) hat er diese Kindheit flaubertromantisiert: »The town I was born in holds no memories / but for the honkin' foghorns / The rainy mist / an' the rocky cliffs / I have carried no feelings …« Er spielte wohl früh Rock 'n' Roll mit seinen Freunden und vernachlässigte lehrbuchmäßig die Schule, aber weiter als bis Duluth kam er nie, und auch dort schaffte er es erst hin, als er mit 16 sein erstes Motorrad hatte. Als Bob Dylan 16 war, sang Elvis (22 damals) »Hound Dog« und Chuck Berry »Sweet Little Sixteen«. Drei Jahre vorher hatte sich Marlon Brando auf ein Motorrad gesetzt und als Anführer einer Gang eine kalifornische Kleinstadt terrorisiert. Als die jungen Männer gefragt werden, wogegen sie rebellieren, lautet die Antwort: »Was wollen Sie haben?« Genau, Rebellen ohne Grund waren sie, aber mit einem Motorrad und dem Elvis-Blues.

Fast möchte man sich, so wenig überraschend ist alles, was bei den Biographen Spitz, Scaduto, Shelton und Williams über die Anfänge Dylans steht, ein kleines, schulmäßiges ödipales Drama vorstellen: »Oh God said to Abraham, ›Kill me a son‹ / Abe says, ›Man, you must be puttin' me on‹ (…) / Well Abe says, ›Where do you want this killin' done?‹ / God says, ›Out on Highway 61‹.« Wäre natürlich schöner, und Psychoanalyse kann sowieso jeder, aber, *sorry folks!*, der Mann macht euch wieder was vor, erleidet das bekannte Drama des begabten Kindes und träumt sich nur zusammen, was ihm andere vorgelebt haben. Und der Highway 61 führt von Minnesota aus in den Süden, durch Memphis und schließlich nach New Orleans. Weg, bloß weg.

Manchmal hat Dylan es ganz offen ausgesprochen, wo er herkam und wo er hinwollte. »In times behin', I too / wished I'd lived / in the hungry thirties / an' blew in like Woody / t' New York City …« usw. Wollte einer sein, wie einmal ein anderer gewesen ist, für ein Zehnerl und ein Fünferl spielen in der U-Bahn und den Hut herumgehen lassen in den Bars an der Eighth Avenue, wie er weiter ironisch romantisiert. So renommiert einer, der nicht arm war und hungrig schon gar nicht. Bevor er aufs College nach Minneapolis entlassen wurde, mußte er, so eine apokryphe Geschichte, für die Sommermonate in ein Besserungsinstitut in Pennsylvania. Probleme reicher Leute Kinder. Man darf an Salingers Holden Caulfield denken, den in vielen Jugendverwahranstalten fallierten Verzögling, die Flucht aus dem Internat vor Weihnachten, die Romantik Manhattans, aber das väterliche Unverständnis ist auch bei diesem jungen Mann unabweisbar. Dylan war, so viel wenigstens kann man verlangen, unverbesserlich. Vielleicht hat er im Internat trotzdem etwas fürs Leben gelernt, denn als er von Minneapolis nach New York ziehen wollte, kehrte er kurz nach Hause zurück, um sich das Reisegeld zu erbitten. Für diesen Auftritt, so wieder eine der schönen Geschichten, ließ sich der große Performer gern die Haare schneiden.

Andererseits, wie hätte Vater Abe sich denn sonst verhalten sollen? Sein Sohn interessierte sich nicht für die Schule, er wollte nichts Besseres werden und schon gar nicht den väterlichen Laden übernehmen; auf dem Klavier, das im Wohnzimmer stand, hämmerte er bloß herum und war sich sogar für die angebotenen Unterrichtsstunden zu gut, und daß er sich ausgerechnet einen tödlich verunglückten Darsteller von jugendlichen Delinquenten zum Vorbild nahm, entspräche nicht einmal in James Deans Film »… denn sie wissen nicht, was sie tun« der väterlichen Vorstellung von sozialem Aufstieg.

An der Universität Minneapolis sind keine akademischen Leistungen des Studenten Zimmerman belegt. Vernünftig, wie er war, gab er sich sofort auf. Die Kunst lockte, und auch wenn das Künstlercafé nur »The Ten O'Clock Scholar« hieß, konnte man dort auftreten, und auf die Frage nach seinem Namen antwortete der Junge aus dem Norden: »Bob Dylan.« Ein paar Wochen kellnerte er auch in North Dakota und hätte, so wieder die Legende, als Pianist bei dem erwähnten Bobby Vee anfangen können; allein die Band konnte sich kein Piano leisten und der mögliche Mitspieler erst recht nicht. Das war die Geschichte, wie er beinah einmal Millionär geworden wäre.

Bestimmt vernachlässigte er seine Bildung nicht, sondern suchte sich seine Freundinnen nach dem Umfang ihrer Plattensammlungen aus, hörte bei ihnen die alten Folksongs und verdarb sich systematisch die

Links: Einmal trat er in einem staatsbürgerlichen Werbefilm auf und warnte davor, allzu schnell zu fahren. James Dean, 1955.
Rechts: Es kann nur einen König geben. Aber wenn der King stirbt? Oder nicht mehr singt? Fett wird? Elvis Presley, noch rank, 1956.

sanfte, nach Ohrenzeugen sogar liebliche und unbedingt engelhafte Stimme. Offensichtlich wollte er ein anderer werden.

Den Sommer 1960 verbrachte Dylan in Denver und Umgebung. Denver liegt in Colorado und fast tausend Meilen weiter im Westen, Gelegenheit also, die Legende fortzustricken. Und wo wir schon davon sprechen: war diese geographische Entrückung nicht ein wenig wie Jesu vierzigtägige Exerzitien in der Wüste?

Der 19jährige wird kaum gewußt haben, daß Denver in der Mythologie der »Beats« das ausgelagerte Herz der Bewegung war. Neal Cassady wohnte hier, Kerouac kam manchmal auf Besuch, Ginsberg schaute gelegentlich vorbei. Für die Männer von der Ostküste war Denver der Wilde Westen, eine Goldgräberstadt und schon deshalb näher am amerikanischen Urquell. In Denver will Dylan in einem

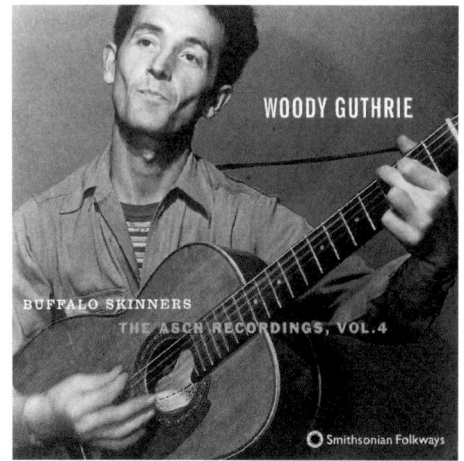

Links: »Hey, hey, Woody Guthrie, I wrote you a song / 'Bout a funny ol' world that's a-comin' along. / Seems sick an' it's hungry, it's tired an' it's torn, / It looks like it's a-dyin' an' it's hardly been born.«
Rechts: 1952 stellte Harry Smith eine Anthologie mit überliefertem Liedgut zusammen. Viele lernten davon; am meisten Bob Dylan.

Striplokal aufgetreten sein und ein bißchen Gangsterei kennengelernt haben. Auf jeden Fall wollte er, als er nach fünf Wochen wieder nach Minneapolis zurückkam, Mundharmonika spielen wie Sonny Terry. Außerdem redete er komisch, mit den Elisionen und Dehnungen des Westerners oder, wie das Schimpfwort lautete, dem Hinterwäldlerdialekt eines »Okie«. Die »Okies« waren die fast schon legendären Armen der Dreißiger. Bob Dylan hatte diese schöne Zeit knapp verpaßt; der nur sechs Jahre ältere Elvis durfte bei seinem Vater noch das ganze Elend jener Zeit erleben: Hunger, Arbeitslosigkeit, Scheckbetrug, Diebstahl, Knast. In seinem Roman »Früchte des Zorns« (1939) schildert John Steinbeck das Elend der Landbevölkerung vor allem in Oklahoma, die Opfer der Wirtschaftskrise und zugleich der jahrelangen Trockenheit wurde und schließlich ihr Heil nur mehr im Aufbruch nach Westen sah, Richtung Kalifornien. Aber wichtiger als Steinbeck wurde für Dylan der Folksänger Woody Guthrie. Der hatte die Armut selber erfahren, war aus dem dürr gewordenen Texas mit den anderen Flüchtlingen nach Kalifornien aufgebrochen, hatte die Ausbeutung dort erlebt und in Hunderten von Songs eine offene Gesellschaft angeprangert, in der man alles darf, besonders wenn man sich auf der besseren Seite des Lebens befindet und die Schlechtergestellten »mit einem Federstrich ausplündert«.

Woody Guthrie war ein Held. Außerdem war er auf den Tod krank. Bei seiner Rückkehr nach Minneapolis lieh Bobby jemand Woody Guthries Autobiographie »Bound For Glory«, und seitdem wollte er nur noch sein wie Woody. Bob Dylan redete wie Guthrie, sang wie Guthrie und spielte ihn auch schon, den Hobo, der den Daheimgebliebenen erzählt, wie hart das Leben auf der Landstraße und in Güterwaggons ist.[2] Gleichzeitig las er Jack Kerouac (»On The Road« war 1957 erschienen), Gary Snyder, Frank O'Hara, hörte von Allen Ginsberg und daß es anderswo noch mehr gab als den Mittleren Westen. »Es war«, wird er später erzählen, »diese ganze Szene unvergeßlich, diese Jungs und Mädchen, von denen mich manche an Heilige erinnerten …«

Heilig werden, dreimal heilig.

Er wollte, sagte er den einen, nach New York, ans Krankenbett von Woody Guthrie. Er wollte nach New York, sagte er den anderen, um reich zu werden. Diesmal hatte er nicht gelogen; beides ging in Erfüllung. Und er schüttelte den Staub seiner Heimatstadt (auch den von Minneapolis) von den Füßen, schon weil der Prophet in seiner Heimatstadt nichts gilt, und zog hinaus in die weite Welt.

Unterwegs hörte er Muddy Waters in Chicago, fuhr dann mit dem Musiker Dave Berger weiter nach Osten: »Wir fuhren, ohne anzuhalten, und er sang ununterbrochen. Es war furchtbar nervig, immer dieser monotone Stil und auch noch mit diesem Woody-*twang*. Schließlich sagte ich ihm, er solle verdammt noch mal endlich aufhören.« Etwas schöner die Legende, Dylan sei in einem Schneesturm nach New York getrampt. Mein lieber Mann! Ankunft New York, sagen die Historiker, die alles nachgeprüft haben, am 24. Januar 1961, und es war natürlich bitter kalt. (»I froze right to the bone«, erzählt er im ersten Stück seiner ersten Platte.) Eigentlich fast so kalt wie im nördlichen Minnesota. Und hat es nicht auch hier geschneit?

Robert Shelton hat sich von Dylan tatsächlich aufbinden lassen, er

---

2 Zweimal bot man dem da längst berühmten Bob Dylan an, in einem biographischen Film Woody Guthrie zu spielen. Hal Ashby drehte »Bound For Glory« schließlich 1976 mit David Carradine in der Hauptrolle.

habe sich zwei Monate als Strichjunge am Times Square herumge-
trieben, auch gutes Geld gemacht (»manchmal hundert Dollar die
Nacht«), aber alles gleich wieder verjuxt. Künstlerpech. Überhaupt
harte Zeiten in New York für einen Künstler; Vorschrift damals. Der
Ehren-Beatnik Herbert Huncke zum Beispiel war Stricher und Heh-
ler am Times Square, hätte als Kleinkrimineller beinah Ginsberg und
Burroughs ins Gefängnis gebracht, die ihn dafür noch um so mehr
verehrten. Wahrscheinlich hatten seine Eltern das Bürgersöhnchen
Robert mit genügend Geld für die erste Zeit ausgestattet.

Bob Dylan fand jedenfalls erstaunlich schnell in die Szene. Er konnte
Hunderte von Folksongs auswendig. Am Tag nach seiner Ankunft
fuhr er hinüber nach New Jersey, suchte Woody Guthrie im Greystone-
Krankenhaus auf und spielte ihm Guthrie-Stücke vor. Lob, großes
Lob. Als Dylan auch noch seinen »Song To Woody« vortrug, geschrieben, wie das Originalmanuskript weiß, »von Bob Dylan in
Mills Bar an der Bleecker Street in New York City am 14. Tag des Februar, für Woody Guthrie«, war der adorierte Sänger unweigerlich
begeistert. »Der Junge hat eine gute Stimme. Seine Texte sind vielleicht nicht so gut, aber singen kann er sie.« Die Vorlage war da, und
die Schrift erfüllte sich: »Und das ist mein geliebter Sohn, an dem ich
mein Wohlgefallen habe.« (Mt 3,17)

Natürlich wurde er sogleich wohlgefällig aufgenommen und von
Guthries Freunden adoptiert. Die Frauen bemutterten ihn, die Männer nahmen ihn nicht ernst. Er bekam abgetragene Sachen und ausrei-
chend zu essen. Beichten wollte er bei Woody Guthrie, wie er einem
befreundeten Journalisten anvertraute, aber dieser war kein geeigne-
ter Beichtvater. Offenbar hatte Dylan schon nach kurzer Zeit genug
von Guthrie; er war ihm zu egozentrisch, zu menschlich. »Woody war
mein letztes Idol.«

Zeit für ein neues, für ihn.

In Gerde's Folk City in der Fourth Street war jeden Montag Amateur-
abend, und Dylan spielte dort Mundharmonika, Gitarre, gelegentlich auch Klavier. Er war Woche für Woche da, fiel aber noch nicht
auf. Fiel doch auf, weil er Geschichten auf der Bühne erzählte, sich
über Leute lustig machte, pointenlose Witze feilbot. Er kam immer
wieder, spielte, sang, ließ sich auslachen für seinen eher seltsamen
Vortrag, spielte weiter. Jeden Montag trat er auf, bis ihm der Besitzer

Wo, bitte, geht's zum Hafen? Erste Milieustudien für den unterirdischen
Heimwehblues.

»It Ain't Me Babe«: Als die Erziehung durch Frauen noch was nutzte.
Hier versucht es Suze Rotolo.

Mike Porco einen Job versprach. Wieder eine Lossagung von zu Hause. Porco nahm ihn mit zur Gewerkschaft, zahlte ihm die achtzig Dollar Aufnahmegebühr und leistete dann für den Minderjährigen die Unterschrift als Vormund, denn »mein Vater ist tot«.

Der Waisenknabe trug ein auffälliges Cordhütchen, das er herumgehen ließ nach dem Vortrag. Honorar gab's nämlich keins, nur Trinkgeld; »drum habe ich mir eines Tages einen Hut aufgesetzt«. Auch wenn er kaum was wußte von der Welt, er kannte sich doch aus in ihr, denn er hatte von James Dean und Marlon Brando und Elvis Presley mehr gelernt als der handelsübliche Folkie. »Stil war wichtiger als technische Fertigkeiten, und von Stil hatte die Folkbewegung nicht die leiseste Ahnung.«

Der mützenbewehrte Bob Dylan war damals kein Gitarrist, sondern Mundharmonikaspieler. Er konnte es nur nicht oder, je nach Lesart, sogar viel besser. Während andere die Luft durch die Mundharmonika einsogen, blies er hinein. Mit seiner Mundharmonika begleitete er im Sommer 1961, immerhin, Harry Belafonte. Im April 1961 war er zum ersten Mal auf einem Plakat zu sehen gewesen: Er spielte mit dem Bluesmusiker John Lee Hooker bei dessen fünftägigem Engagement in Gerde's Folk City – und Geld gab es auch. Er wurde noch immer bemuttert, junge und ältere Frauen entdeckten seine Hilfsbedürftigkeit, die er natürlich sofort auszunutzen verstand. Freunde vermittelten ihn nach Cambridge, Massachusetts, wo er Eric Von Schmidt und dessen Folksammlung kennenlernte, dann Carolyn Hester und deren damaligen Mann Richard Fariña. Und er befreundete sich mit Suze Rotolo, deren Eltern schon wieder über eine gewaltige Plattensammlung verfügten.

Die diebische Elster
VILLAGE VOICE

Die amerikanische Musikszene lag 1961 auf den schleichenden Tod danieder. Sie wartete ahnungslos auf den Import ihres eigenen Sounds durch die Beatles, die da längst noch nichts von ihrer historischen Aufgabe ahnten und in Hamburg betrunkene Seeleute bei Laune halten mußten. Elvis hatte die zwei Jahre bei der Army nicht ohne Schaden überstanden, Chuck Berry war wieder mal im Gefängnis wegen seiner Techtelmechtel mit Minderjährigen, und auch Jerry Lee Lewis mußte sich unbedingt versündigen. Little Richard hatte sich gerade wieder vom Rock 'n' Roll als Teufelszeug losgesagt und nahm mehrere Freisemester als Prediger. Oh, Lord! Die Musikindustrie litt nach wie vor unter dem Payola-Skandal. Diskjockeys in den einflußreichen Radiosendern hatten sich systematisch bestechen lassen und wie befohlen von der Industrie favorisierte Stücke gespielt. Der Rock 'n' Roll war erst mal erledigt, die übriggebliebene Popmusik war wieder schneeweiß, kommerziell natürlich und vor allem unterirdisch schlecht. Die weißen Jungs und Mädels beherrschten den Markt mit ihrem hundertprozentig kernseifigen Liedgut. Dem Gerechtdenkenden blieb da als einzige Zuflucht nur die Folkmusik, die sich, erstaunlich genug, in New York konzentrierte und von Greenwich Village aus das Schicksal der ausgebeuteten Landbevölkerung und der Minenarbeiter beklagte.

Bob Dylan kam wie gerufen: ein gutaussehender, vielleicht sogar engelhafter Knabe, der sich lang schon von seinem sanften Tenor verabschiedet hatte und dahinraspelte wie ein Alter. Ein Landei, das die abgebrühten New Yorker mit seinem komischen, silbenschluckenden Dialekt bluffen konnte, der bestimmt echt sein mußte, denn so redete doch niemand in der ganzen Stadt. Der welterfahrene Landfahrer erzählte von staubigen Highways, von der Einsamkeit und von allem, was man sich in Greenwich Village notfalls selber zusammenreimen konnte, aber ihm wollte man die reine Unschuld abkaufen.

Sein Ehrgeiz, das wußte man in Hibbing, das wußte man in Minneapolis, nur nicht in New York, sein Ehrgeiz ging auf die Jukebox. Er wollte berühmt sein wie Elvis oder wie Buddy Holly. Der hatte es sogar trotz seiner komischen Brille geschafft, warum also sollte nicht Folk die richtige Methode sein? Für die New Yorker Boheme-Dörfler war Dylan ein Naturbursche, und sei es, weil sie nicht hören wollten, was er da für sie spielte. »Ich spielte die Folklieder wie Rock 'n' Roll.

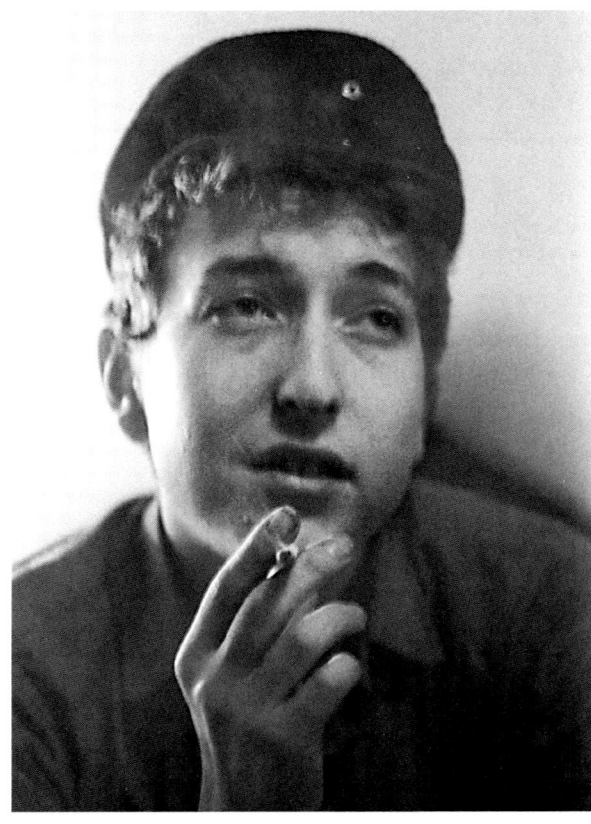

Die Mütze brauchte Dylan am Anfang, damit er sie nach seinem Auftritt herumgehen lassen konnte. So macht man Mode. John Lennon mußte dann auch unbedingt eine haben.

Damit konnte ich auffallen in dem ganzen Gedrängel und wurde gehört.«

So konnte er den New Yorkern etwas zeigen, das sie längst kannten, aber fast ebenso lange schon wieder vergessen hatten: Woody Guthrie, sein Pate, seine einzige Respektsperson, sein Vorbild, lebte unerkannt in New Jersey (daß er bereits mit Huntington-Chorea im Endstadium im Krankenhaus lag, half Patient wie Besucher). James Dean war Schauspieler in New York gewesen und wurde ein Star in Kalifornien. Der war auch schon wieder fünf Jahre tot und lange genug entrückt, daß sich Dylan seiner bedienen konnte. Auf dem Cover von »The Freewheelin' Bob Dylan« geht der Sänger gekrümmt und in etwas zu engen Hosen in James-Dean-Pose durch New York, zu seinem Glück drückt sich bereits ein Mädchen an ihn. Alles eine Frage des Stils.

Es ging dann, wie die Legende weiß, alles sehr schnell. Das spätere Image noch nicht, aber Bob Dylan wurde im September 1961 innerhalb weniger Tage gemacht. Vermutlich am 14. September probte man in einem Apartment in der West 10th Street für Carolyn Hesters Album »That's My Song«; Dylan sollte die Folksängerin auf der Mundharmonika begleiten. Mit bei der Probe war der CBS-Produzent John Hammond, der Entdecker von Billie Holiday und Count Basie. Hammonds Sohn (ebenfalls ein John; er sollte später bei etlichen Dylan-Aufnahmen dabeisein) hatte ihm bereits von Dylan erzählt. Der Vater sah diesen Dylan, hörte ihn auch, war aber offensichtlich vor allem von der Präsenz des jungen Menschen so sehr beeindruckt, daß er ihm gleich einen Plattenvertrag gab. (Die Legende soll auch hier ihr Recht behaupten und vermelden dürfen, Hammond habe Dylan noch am selben Tag und ohne ihn überhaupt gehört zu haben verpflichtet.) Ähnlich wird die alle geschäftlichen Bedenken überwältigende Sympathie überliefert, die fast zur gleichen Zeit Brian Epstein ergriffen haben soll, kaum daß er die Beatles im Cavern Club sah. Am 26. September begann Dylan sein erstes richtiges Engagement in Gerde's Folk City als Begleitung der Greenbriar Boys, und drei Tage später schon erscheint Robert Sheltons Hymne »Bob Dylan: A Distinctive Stylist« in der »New York Times«. Am gleichen 29. September wird Carolyn Hesters Platte aufgenommen; Hammond produziert, Dylan begleitet sie bei drei Stücken.

New York kann ganz besonders kalt sein. Aber James Deans Jacke wärmt, und ein Mädchen hat der neue Dean auch schon.

»Mit seinem engelhaften Gesicht und dem dichten, widerborstigen Haarschopf, den er zum Teil mit einer schwarzen Huckleberry-Finn-Cordmütze bedeckt«, schwärmt der einflußreiche Folkmusikkritiker der »Times«, »sieht Mr. Dylan wie eine Kreuzung aus Chorknabe und Beatnik aus. An seiner Kleidung könnte er noch arbeiten, aber wenn er mit seiner Gitarre oder Mundharmonika oder am Klavier hantiert und neue Songs schneller komponiert, als er sie sich überhaupt merken kann, gibt es keinen Zweifel daran, daß er vor Talent aus allen Nähten platzt.« Nicht einmal der rückversichernde Hinweis auf seine erfundene Vergangenheit fehlt, hier selbstverständlich zum Besten gewendet: »Wenn es um seine Herkunft und seinen Geburtsort geht, ist Mr. Dylan nicht sehr gesprächig, doch zählt hier weniger, wo er herkommt, sondern viel mehr, wo er hingeht. Und sein Weg scheint direkt nach oben zu zeigen.« Der Mann, kann man gar nicht anders sagen, er sollte recht behalten.

Robert Shelton hat die Zukunft der Folkmusik gesehen und Bob Dylan entdeckt, aber es war natürlich nicht so einfach. Der Junge mit der Mundharmonika hatte den unbestechlichen Journalisten lange bearbeitet. Hatte ihn angerufen und zu seinen Auftritten eingeladen. Hatte sich bei Shelton zu Hause in dessen Folksammlung umgehört, bei ihm neue Stücke ausprobiert und schließlich, so eine nicht völlig unplausible Sage, seine Freunde den Artikel abnicken lassen, bevor er in der erst recht unbestechlichen »New York Times« erscheinen durfte. Und dann, als endlich in der Zeitung stand, daß er der kommende Star sei, begann er seinen Auftritt mit einer Verlesung der schönsten Stellen dieses Artikels. Das Wort, das Lied war Fleisch geworden.

Als Woody-Jukebox war Bob Dylan nach New York gekommen, beeindruckte zunächst den Meister, dann seine Gefolgschaft mit diesem Repertoire, bekam erste honorierte Gigs als Mundharmonikaspieler, aber sein Vertrag mit Columbia wurde noch als Investition abgeschlossen. Seine Freunde hatten Tonbänder herumgeschickt, doch die traditionellen Folklabel lehnten ihn ebenso ab wie die meisten Rundfunksender. Es war niemandem so recht klar, was der Mann eigentlich wollte. Filmaufnahmen von seinen ersten Auftritten in Greenwich Village oder in Boston gibt es nicht, aber Bob Dylan scheint auf seine frühen Fans weniger durch seine Lieder als durch sein unverschämtes Auftreten gewirkt zu haben. Zu jener Zeit leitete er seine

Songs noch gelegentlich ein oder gab einen Zuruf aus dem Publikum zurück. Er kasperte auf der Bühne herum, las aus der Zeitung vor, war unbegreiflich, machte sich lächerlich und gab doch nie auf. Hatte man nicht damals auch gelacht und IHn verspottet?

Im Sommer 1961, als er entdeckt wurde, hatte Bob Dylan noch kaum eigene Lieder. Wenn er die Klassiker reproduzierte, um so besser. In der Branche war das üblich, vor allem beim Feind, bei der kommerziellen Rockmusik. Die beschäftigte immer erstklassige Autoren wie zum Beispiel Jerry Leiber und Mike Stoller, die für Elvis die Hits schrieben. Wie Mort Shuman, Doc Pomus[1] oder Carole King waren sie Angestellte der Musikfirma. Chuck Berry war der einzige, der sich seine Lieder selber schrieb. Dann kamen die Beatles und Bob Dylan, und alles wurde anders.

Fast alles.

Auch die originalen Dylan-Lieder waren häufig überkommene Melodien, traditionelles Liedgut. Gern befolgte er den Rat seines Meisters Woody Guthrie, einen bewährten Song zu nehmen und ein, zwei Noten zu ändern – schon habe er einen neuen! Eigene Lieder, zur eigenen Gitarre vorgetragen, beglaubigten die Aussage, sie waren, anders als die Industrieprodukte: echt. (Aber was denn sonst!) Pete Seeger war nicht bloß vom Text von »Blowin' In The Wind« begeistert; daß Bob Dylan die Melodie bei dem Klassiker »No More Auction Block« geklaut hatte, war für Seeger nur ein zusätzlicher Qualitätsnachweis. Dylan natürlich meldete auf den Klassiker sein eigenes Copyright an. Er hörte zu, er spielte nach, er lernte, er spielte. »Blowin' In The Wind« schrieb er im April 1962 zusammen mit seinem Freund David Cohen (später: David Blue) im Kaffeehaus an der MacDougal Street. Als sie fertig waren, gingen sie hinüber zu Gerde's Folk City, zeigten Gil Turner, wie man den Song spielte, und schon war »Blowin' In The Wind« uraufgeführt. Das Lied existierte zunächst nur in der engsten Gemeinde; im Monat darauf wurde es im hektographierten Folk-Anzeiger »Broadside« veröffentlicht. Jetzt war Bob Dylan Songschreiber, auch wenn kaum einer davon wußte.

---

1 1985 behauptet Bob Dylan (im Booklet zu »Biograph«), er hätte gar nicht gewußt, daß einem in New York die Songs grundsätzlich von anderen geschrieben würden. Dennoch beteiligt er sich an »Till The Night Is Gone: A Tribute To Doc Pomus« (8122-71878-2; Rhino Records 1995) und singt »Boogie Woogie Country Girl«, das Doc Pomus einst für Big Joe Turner geschrieben hat.

Seine Plattenkarriere gab er deshalb noch lange nicht auf. An nur zwei Novembertagen mit insgesamt sechs Stunden Aufnahmezeit war das Album »Bob Dylan« im Jahr zuvor eingespielt worden. Fünf der dreizehn Stücke hatte er in je einem einzigen Take eingespielt. »Song To Woody« war dabei und »Talkin' New York«, aber im wesentlichen hielt er sich an Standards und ärgerte den Produzenten, weil er immer um das Mikro herumeierte. Die Platte kam erst am 19. März 1962 heraus, und Bob Dylan wollte schon längst nichts mehr damit zu tun haben.

Einen Monat später begann er mit den Aufnahmen für sein nächstes Album, die sich diesmal über ein ganzes Jahr erstreckten. Die erste Platte verkaufte sich etwa fünftausendmal; kommerziell war Bob Dylan ein Reinfall. Die Single »Mixed Up Confusion« fiel noch gründlicher durch. Bei Columbia wußte man nicht, ob man Dylan gleich aufgeben oder noch eine weitere Platte abwarten sollte. Der Manager Albert Grossman wurde auf Dylan aufmerksam und verdrängte John Hammond. Wieder ein Aufschub. Grossman verschaffte dem obskuren Folkie Dylan einen Auftritt als amerikanischer Countrysänger in der englischen Fernsehsendung »Madhouse On Castle Street«. Als sie Anfang 1963 ausgestrahlt wurde, lief »Blowin' In the Wind«, die unsterbliche Lagerfeuerhymne, bereits als Titelmelodie. »Blowin' In The Wind« hatte er am 9. Juli 1962 aufgenommen, aber erst am 27. Mai des folgenden Jahres erschien es auf der LP »The Freewheelin' Bob Dylan«. In der Zwischenzeit spielte Dylan das Stück auf und ab im Land. Sein neuer Manager ließ es außerdem von dem Trio Peter, Paul & Mary aufnehmen (selbstverständlich ebenfalls von Grossman betreut), und damit gelangte Bob Dylan, zumindest als Autor, im August 1963 zum ersten Mal in die Hitparade.

Albert Grossman küßte, wie Shelton so schön schreibt, das Schneewittchen der amerikanischen Folkmusik wach, fand aber dann nichts dabei, sogleich mit ihr ins Bett zu gehen. Grossman kam aus Chicago und zeigte einen »merkwürdigen Geschmack« (Dylan). Anfangs hatte er die Idee, seinen seltenen Vogel mit einer Dixieland-Band zu verkuppeln. Bobbie Dylan & The Hot Dogs, und alle mit lustigen Strohhüten. Nicht schlecht. Grossman hatte vielleicht nicht immer einen sicheren Geschmack, dafür aber ein großes Vorbild: Colonel Tom Parker, den berüchtigten Manager von Elvis Presley. Erste Regel: den

Als der Bart noch die halbe Botschaft war: Peter, Paul & Mary sangen
»Blowin' In The Wind« an die Spitze der Hitparade.

Star vorführen und stets bestmöglich verkaufen. Zweite Regel: den
Star zurückziehen, das heißt gleichzeitig allen zeigen und allen vor-
enthalten. Dylan war ideal für dieses Spiel. Also nicht mehr jedes En-
gagement annehmen, sondern nur noch lukrative oder interessante
Auftritte. Also nicht mehr Rundfunk, sondern Fernsehen. (Daß Grossman über Witmark and Sons seinen Anteil an den Urheberrechten der
Dylan-Songs bekam, versteht sich von selbst. Der Colonel wies auch
hier den Weg zum Erfolg.) Wie hatte Elvis die ganze Nation erreicht?
Übers Fernsehen, genauer: über die Ed Sullivan Show, in der er, alte
Geschichte, nur von der Hüfte an aufwärts gefilmt werden durfte.
Bob Dylan war im April 1963 längst nicht so bekannt wie Elvis 1956,
aber die Veröffentlichung seiner zweiten LP stand bevor, und Grossman verkaufte seinen neuen Star großartig als »Sprecher einer ganzen Generation«. (Und noch immer gab es in den USA keine Platte

Wollt Ihr einen Star sehen?

mit »Blowin' In The Wind«.) Bei der Probe drei Wochen vor der Sendung verwahrte sich der hauseigene Zensor gegen das Stück »Talkin' John Birch Paranoid Blues«, weil die Mitglieder der rechtsradikalen Birch Society, die Dylan wegen ihrer Kommunistenangst ein bißchen verspottete, ja gegen den Sender CBS klagen könnten. Dylan verließ empört das Studio, und von der »Village Voice« bis zur »New York Times« verzichtete kaum eine wichtige Zeitung darauf, diesen Akt der Rebellion zu feiern. Kein Ed Sullivan, dafür aber berühmt.

Noch mal ein kleiner Skandal, als Dylan zu einer CBS-Verkaufsmesse nach Puerto Rico geflogen wurde. Er war der neue Star und sang »Only A Pawn In Their Game«, und die Händler aus den Südstaaten verstanden sehr genau, daß es um Rassentrennung und Rassenjustiz ging, und verließen ihrerseits den Saal. Trotzdem oder gerade deshalb blieb »The Freewheelin' Bob Dylan« 32 Wochen in den Charts. Im Juli kam »Blowin' In The Wind« endlich als Single heraus und stand bereits nach zwei Wochen auf Platz 2 der Hitparade. Dylans eigene Fassung, vier Wochen später erschienen, schaffte es nie so weit nach oben. Das Lied ist aber seine Hymne geblieben, ein Klassiker, den er bis zum heutigen Tage bei seinen Konzerten geduldig spielt und der dennoch gelegentlich ein merkwürdig literarisches Eigenleben entwickelt.[2]

Ja, es ist wahr, der junge und nicht ganz unschuldige Musikant Bob Dylan hat ein paar der gräßlichsten Lieder geschrieben, die je aus dem Radio plärrten; hat ungezählte junge und bis dahin unschuldige Menschen zum haltlosen Gitarrespielen im Verein mit Rotweinabusus verleitet; hat Wolfgang Niedecken und den ubiquitären Bapismus möglich gemacht; und er hat der Popmusik, dem schönen, dummen Schundwerk, auf alle Zeiten tiefe Züge, ja: einen Stich ins Ernste verliehen. Pop, der schundige, süße, sinnlose Pop, ist mausetot, ist tot, seit Bob Dylan ihm unbedingt Bedeutung geben mußte.

»Blowin' In The Wind«: Die Antwort, die nur der Wind weiß, ist logischerweise keine und deshalb universell anwendbar. Weil es da nichts zu verstehen gibt, versteht es auch jeder. Wenn einmal alles vorbei ist, wenn Gerichtstag gehalten wird über Schlimmlinge und Bösnickel

---

2 Nachdem Hugh Grant auf dem Sunset Boulevard mit einer Nutte beim Oralverkehr erwischt worden war, trat der Schauspieler in David Lettermans Talkshow auf. Zur Begrüßung spielte die Band – – genau: »Blowin' In The Wind«.

und auch über jene Handvoll guter oder sogar besserer Menschen, die es ja geben soll, dann droht Bob Dylan die ewige Verdammnis. Der eisgraue Weltenrichter wird das große Kontorbuch hervorholen, wird prüfend mit dem Zeigefinger über die blauen und roten Linien fahren und unter »Dylan, Bob, geb. Zimmerman« lauter Missetaten verzeichnet finden. Sünder Bob, steht da in vorwurfsvoller Sütterlinschrift, Sünder Bob hat schlimme Dinge getan, hat allein und mit anderen »Blowin' In The Wind« gesungen. Oh, der Sünder ist geständig und der Reue voll, und der ewige Weltenrichter in seiner ewigen Lammsgeduld hört sich Beichte und Bekenntnis gnädig an. Ja, gesteht Bob Dylan zerknirscht, er hat damals »Blowin' In The Wind« zusammengedichtet, das mit der Taube und dem Meer und dem Hafen von Pi-rä-us oder so ähnlich; aber er bittet noch einmal um Gnade vor Recht, wußte er doch nicht, was er tat, der Rebell ohne Grund.

Wußte er wohl.

Mit staubsaugerhafter Gründlichkeit war der Rock 'n' Roll Ende der Fünfziger, nur fünf Jahre nach seinem Entstehen, auch schon wieder weggeputzt vom Angesicht der amerikanischen Erde. Die Wohlstandsjahre unter Dwight D. Eisenhower wälzten sich fröhlich fort und wären am besten von seinem Vizepräsidenten Richard Nixon weiterbetreut worden. Der aber verlor 1960 die Wahl knapp gegen John F. Kennedy, der zwar ein gewaltiger Kommunistenfresser, doch auch seinen Wählern verpflichtet war. Kennedy erhob die Rassentrennung in den Südstaaten zum politischen Thema. In Alabama, Mississippi oder Arkansas wollte um Gottes willen keiner mit dem damals noch bedenkenlos »Neger« genannten schwarzen Mitbürger zusammen Bus fahren, Eis essen oder gar studieren. Die Schwarzen hatten ihren festen Platz in der Schöpfung unseres lieben Herrn Jesus, und der war ganz weit unten und im Zweifel in der Nähe der Affen. Erst das Eingreifen der Bundesbehörden beendete die allgemeine Diskriminierung, die bis zur gern tolerierten Lynchjustiz reichte.

Archäologie ist es heute, wenn man an den Fall Medgar Evers erinnern muß oder an den klassischen Tod von Hattie Carroll. Die zehnfache Mutter räumte in einem schönen Hotel in Maryland die Tische ab, erregte dabei das Mißfallen eines William Zantzinger, der sie mit einem sauberen Hieb und mit Hilfe seines Stocks ein für allemal erledigte und dafür, nach abgeschlossener Beweisaufnahme und einem

Die sechziger Jahre, südliche Variante: »Oxford Town in the afternoon /
Ev'rybody singin' a sorrowful tune / Two men died 'neath the Mississippi
moon / Somebody better investigate soon.«

ordentlichen Gerichtsverfahren, zu sechs Monaten verurteilt wurde,
weil er sich das Hotel in Baltimore leisten konnte und die Bedienung
Hattie Carroll dort nur saubermachte. Bob Dylan singt noch heute
gern die Ballade »The Lonesome Death Of Hattie Carroll«, eins seiner wirkungsvollsten, aber auch seiner schönsten Lieder: »But you
who philosophize disgrace and critizise all fears, / Take the rag away
from your face. / Now ain't the time for your tears.«
Mit Suze Rotolo war es vorbei (»es gab eine Zeit, da gehörte ich zu
seinen Besitztümern«), hello Joan! Joan Baez nämlich war seine neue
Liebe, aber inniger noch als Baez umarmte ihn die Bürgerrechtsbewegung. Im Juli 1963 flog Dylan mit den Folk-Aktivisten Theodore
Bikel und Pete Seeger nach Mississippi, wo man den Schwarzen bei
der Registrierung als Wähler helfen wollte. Das Fernsehen und die
»New York Times« waren immer dabei. Ausnahmsweise war Dylan

Martin Luther King mit seiner Frau Coretta: »For the countless confused, accused, misused, strung-out ones an' worse / An' for every hung-up person in the whole wide universe / An' we gazed upon the chimes of freedom flashing.«

hier bescheiden und gab zu, daß er bis zu seinem neunten Lebensjahr keinen einzigen Schwarzen gesehen hatte. Im August trat er beim Abschlußkonzert von Martin Luther Kings Marsch auf Washington auf.

Kings Politik des gewaltlosen Widerstands war lange eine Angelegenheit der schwarzen Gemeinde und allenfalls der Kirchen; als sich Studenten, Lehrer, Sozialarbeiter, Schriftsteller und Schauspieler aus dem Norden mit den Schwarzen solidarisierten und als Eindringlinge die erwarteten und vielleicht erhofften Schwierigkeiten mit reaktionären Bürgermeistern und populistischen Richtern im Süden bekamen, mußte sich das ganze Land dafür interessieren. Und Bob Dylan sang über Hattie Carroll und über Emmett Till, darüber, daß wenigstens Gott auf unserer Seite ist und die armen Weißen nur als Bauern mitspielen dürfen.

Die Folk-Erneuerungsbewegung mochte sich rein und antikommerziell vorkommen, doch sie führte vor allem ein Kostümdrama auf. New York war nicht gerade die »dust bowl«, niemand vertrieb die Musiker aus ihren mietpreisgebundenen Wohnungen, und die auf Beatniks lauernden Touristen im Village sorgten immerhin für die abendliche Flasche Rotwein. Sie hatten die Neuzeit auf ihrer Seite, und Kennedy gab ein neues Thema vor: »Fragt nicht, was euer Land für euch tun kann, sondern fragt, was ihr für euer Land tun könnt!« Ob es Kennedy wußte oder nicht, das war, nur unwesentlich retuschiert, Woody Guthries Selbstvergewisserungshymne »This Land Is Your Land«.

Bob Dylan hatte beide verstanden, und er tat sogleich was für sein Land. »Talkings« nannte Dylan seine frühen Stücke, zur Gitarre vorgetragene Erzählungen, Moritaten, manchmal auch bloß Leitartikel. Der bänkelsängernde Frank Wedekind konnte das schon vor dem Ersten Weltkrieg und nach ihm der junge Bert Brecht, von dessen Vortragsstil Dylan durch Suze Rotolo viel lernte. (Oder glauben Sie nicht, daß auch Dylan beizeiten den Baal machte und die Frauen verdarb?) »When The Ship Comes In« kommt direkt von der Seeräuber-Jenny in der »Dreigroschenoper«. Wie die Folksänger, wie Brecht benutzt bereits der frühe Dylan den drohend-repetitiven Ton der Bibel: »Oh, what did you see, my blue-eyed son? / Oh, what did you see, my darling young one?«

Am ehesten gelingt ihm das finstere Drohen in »Masters Of War«, wo er, bester Brecht aller Zeiten, nicht nur irgendwelche anonymen Kriegstreiber und Profiteure anklagt, sondern sie über die Rhetorik der Anklage hinaus auch noch in Grund und Boden haßt. Bei Menschheitsverbrechen hilft kein Appell ans Gewissen mehr, da muß man grundsätzlich werden. John Wayne schießt in »The Searchers« (1956) einem bereits toten Feind die Augen aus, weil er ihn damit nach indianischem Glauben um den Einzug in die ewigen Jagdgründe bringen kann. Dylan wünscht den Kriegsgewinnlern von Herzen den baldigen Tod. Er wird ihrem Sarg folgen, verspricht er, und genau beobachten, wie man ihn in die Grube senkt: »And I'll stand o'er your grave / 'Til

Joan Baez, und alles wird anders: »Oh, wie kläglich, dumm, beschränkt und traurig von mir / Daß ich geglaubt hatte, schön sei nur / Das Häßliche und der Dreck.«

I'm sure that you're dead.« Das war einfach zu deutlich, und wenn Judy Collins »Masters Of War« singt, läßt sie die letzte Strophe lieber weg.

Schließlich die Apokalypse. Einen Weltuntergangsschlager wie »Eve Of Destruction« konnte Dylan nur verachten, aber Barry McGuire formulierte damit das allgemeine Lebens- und Sterbensgefühl. Selbst wenn die Testpersonen erst Jahrzehnte später an Krebs starben, wurden in den Fünfzigern in der Wüste von Nevada und New Mexico Atomversuche weniger simuliert als richtig durchgeführt. Jedes Schulkind hatte sich frühzeitig in den Ernst-, also den Atomunfall einzuüben. Auf dem Cover von »Subterranean Homesick Blues«, auf dem Dylan mit der Frau von Albert Grossman posiert, ist deutlich das Hinweisschild für den »Fall-Out Shelter« zu erkennen. Die Sowjetunion und die USA rauften sich um Kuba und ums atomare Supremat. Die Kubakrise, der Höhepunkt in Kennedys kurzer Präsidentschaft, kam als Weltuntergang in den Abendnachrichten. »Restless Farewell«: Am nächsten Morgen war es vielleicht schon vorbei. Später pflegte Dylan die gute Absicht gern zu bestreiten, doch der harte Regen, den er mit der Selbstsicherheit eines alttestamentarischen Propheten ankündigte, war zunächst einmal radioaktiv. Wenn überhaupt jemand, dann wußte dieser Wetterfrosch, woher der Wind wehte.

Wenn er seine Songs schreibe, so der Dichter auf dem Cover, denke er sich eine Kesselpauke, mit leicht banger Färbung. Und, ganz wichtig: »I have given up at making any attempt at perfection.«

Daß er auch noch ein Dichter war und inniger singen konnte als Andrea Bocelli und Charlotte Church zusammen, hat der schlichten Botschaft wahrscheinlich nicht geschadet. »O mein Gott, kann der Junge
singen!« jauchzte der Journalist Nat Hentoff 1963. »Noch nie habe
ich so etwas gehört. Wenn er die ersten Takte von ›A Hard Rain 's A-
Gonna Fall‹ zu singen beginnt, muß ich weinen und sofort aus dem
Zimmer gehen.« Das Nachrichtenmagazin »Time« verweigerte sich
vorläufig noch solchem Überschwang, konnte den neuen Star aber
bald nicht mehr übergehen und prägte die Formulierung, die Dylan
bis heute anhängt: »Seine Stimme klingt, als wehe sie über die Mauern eines Tuberkulosesanatoriums.«

Die Apokalypse, die der politische Sänger Bob Dylan androhte, war
aber kein Weltuntergang, jedenfalls nicht für ihn, und das Newport
Festival Ende Juli 1963 brachte ihm eher eine glanzvolle Apotheose;
Robert Shelton zufolge wurde in Newport die »Kostümprobe« für
die »Woodstock Nation« gefeiert. Dylan war erst 22, als er diese Ver-
klärung erlebte, und »es ging eine große Kraft von ihm aus« (Lk 6,
19). Es hätte niemanden überrascht, wenn er Blinden das Augenlicht
wiedergegeben und Lahme zum Gehen gebracht hätte. Das Konzert
in Newport wurde einer der großen gemeinschaftsstiftenden Momente in der US-amerikanischen Nachkriegsgeschichte: Baez, Seeger,
Peter, Paul, Mary, die Freedom Singers, Theodore Bikel und Dylan
faßten sich an den Händen und sangen »We Shall Overcome« und
»Blowin' In The Wind«. Bob Dylan war ein Held.

Glory Days
I SING THE BODY ELECTRIC

Das Jahr 1963 endete dann doch etwas weniger glamourös, als es sich in Newport ankündigte. Am 26. Oktober trat Bob Dylan in der New Yorker Carnegie Hall auf, ließ dafür seine Eltern einfliegen. Der Triumph wäre vollkommen gewesen, hätte nicht »Newsweek« termingerecht herausgefunden, daß der fahrende Sänger seine Biographie ein ganz klein wenig aufgehübscht hatte. Dann wurde am 22. November Kennedy von Lee Harvey Oswald ermordet. Dylan war verstört wie die meisten Amerikaner. Am 13. Dezember sollte ihm der Tom Paine Award des Emergency Civil Liberties Committee (ECLC) verliehen werden. Die Bürgerrechtsaktivisten ehrten seinen Erfolg und seinen Einsatz, wollten aber natürlich auch von seinem Ruhm profitieren. (Im Jahr zuvor war der Preis an den Philosophen Bertrand Russell gegangen.) Dylan, der sich bereits im ersten Satz seiner Dankesrede als Musiker zu erkennen gab, der besser nicht tagespolitisch daherredete, war an diesem Abend standesgemäß sturzbetrunken und griff die ehrwürdigen Mitglieder der Versammlung an, darunter den schwarzen Schriftsteller James Baldwin, der für den festlichen Anlaß in Anzug und Krawatte erschienen war. Dylan redete schwer verwirrtes Zeug, antagonisierte jung und alt, seine und die fehlenden Haare der ehrwürdigen Herrschaften, unterschied zwischen guten und schlechten Schwarzen, pries ziemlich ungeschickt Kuba und dann unterläuft ihm ein Fauxpas, der eindeutig über seine Kräfte geht: »Ich muß aufrichtig sein, ich muß es einfach sein und zugeben, daß der Mann, der Präsident Kennedy erschossen hat … Ich habe einiges von mir in ihm wiedererkannt.« Schön und gut und warum nicht, aber was denn? Dylan verriet es nicht. Die Versammlung buhte, Dylan brach ab, versuchte sich später zu rechtfertigen, vergriff sich weiter im Ton und mußte sich auch noch anhören, daß der rechtschaffenen Vereinigung durch die dumme Rede sechstausend Dollar an Spenden entgangen waren und ob er, der berühmte Bob Dylan, nicht womöglich für den Schaden aufkommen könne. Da schwieg selbst die lauteste »Stimme seiner Generation« lieber fein stille.

Die Stimme hatte jedenfalls keine Lust mehr, der Protestsänger zu sein.

Obwohl der jugendliche Bob Dylan seit seinem zwölften Lebensjahr praktisch jedes Jahr ein-, zweimal ausgerissen war und lange unter Hobos gelebt hatte, fehlte ihm doch die Erfahrung der Landstraße.

John F. Kennedy mit schöner Gattin und Leibwächtern. Das strahlende, junge
Amerika; todgeweiht.

Die von Jack Kerouac war zwar auch nicht gerade gewaltig, aber er
hatte *das* Buch darüber geschrieben. Kerouacs Jünger Dylan also
wollte »On The Road« nachspielen. (So ähnlich hat es auch der welt-
läufige Karl May gehalten, der von den touristischen Reisen, die er
endlich an die Schauplätze seiner Abenteuer unternehmen konnte,
stapelweise Ansichtskarten verschickte. Hier: Old Shatterhand! Und
hier: Kara Ben Nemsi! Alles gesehen und alles selber erlebt.)
Kurz vor dem Jahreswechsel hatte er Allen Ginsberg kennengelernt,

dem er sein Leben lang eine scheue Bewunderung und Verehrung entgegenbringen sollte. Ginsberg war Untergrund, Sex, Drogen, aber vor allem war er Literatur. Ginsberg hatte »Howl« geschrieben, das moderne amerikanische Ur-Gedicht, und wirklich kam ein Heulen über den Himmel: »Ich sah die besten Köpfe meiner Generation vom Wahn zerstört, hungrig, hysterisch, nackt ...« Ginsberg war dabei, als sich die Freunde gegenseitig umbrachten oder im Irrenhaus landeten oder sich, wie Jack Kerouac, systematisch um den Verstand tranken. Die »Stimme einer Generation«, der nächsten, lauschte diesen Erzählungen einer nahen und ganz unbegreiflichen Welt. Die Landstraße und auch noch Literatur; besser ging's nicht.

Anfang 1964 setzte sich Dylan mit drei Freunden in ein Auto und stromerte von New York langsam westwärts. Unterwegs gab er ein paar Konzerte, vor allem aber suchte er nach neuen Themen, und nebenbei wollte er – wirklich wahr! – auch noch mit einfachen Menschen ins Gespräch kommen. Die Aufgaben waren klar verteilt: Die anderen drei Landfahrer wechselten sich am Steuer ab, Dylan saß hinten und tippte auf der Schreibmaschine. Er wollte das Singen wieder mal ganz aufgeben, wollte nur noch schreiben, Stücke vielleicht oder ein richtiges Buch. Arthur Rimbaud war jetzt sein Idol, das trunkene Schiff und alles, und der stets reichlich im Wagen eingelagerte Rotwein sollte vor der unendlichen Leinwand des vorüberziehenden Amerika ekstatische Bilder provozieren. Gemeinsam besuchte man in North Carolina den berühmten Volksdichter Carl Sandburg, der aber komischerweise noch gar nichts von dem berühmten Bob Dylan gehört hatte. Dylan besaß inzwischen großzügigere Vorstellungen von sich, und der bloße Vortrag zur Gitarre hätte dafür nicht mehr ausgereicht. Ihm brauchte keiner mit Blake oder Melville und Whitman zu kommen, das waren ohnehin seine Leute, seine Vorbilder. Dylan spielte in Georgia, besuchte in New Orleans den Mardi Gras und begann dort wahrscheinlich mit »Mr. Tambourine Man«.

Und dann, bei der Fahrt durch Colorado, plötzlich eine Erleuchtung. Nicht William Blake erschien ihm, dafür hörte er aber einen seltsamen Lärm. Aus dem Autoradio kamen die Beatles, kamen »›I Wanna

»Wir nahmen eine Menge Chemikalien, wie sie der Arzt für Entertainer und Sportler verschreibt.« Ob's was geholfen hat?

44

Hold Your Hand‹ und diese ganzen frühen Stücke. Sie spielten Sachen, die sonst niemand spielte. Ihre Akkorde waren absolut irrsinnig, und ihre Harmonien machten das Ganze so überraschend.« Es war Februar 1964, die britische Invasion hatte begonnen und die amerikanische Popmusik gerettet. Die Beatles besetzten die ersten fünf Plätze in der Hitparade. Das war der Beweis, merkte Dylan, »daß man Geld damit verdienen konnte, wenn man die gleiche alte Musik wie schon früher spielte«. Wichtiger noch: »Das ging nur mit anderen Leuten. Selbst wenn man nur seine eigenen Akkorde spielte, brauchte man andere Leute um sich herum.« Der Folkie Dylan durfte mit dem Segen der erfolgreichen Beatles die politische Liedermacherei aufgeben und wieder jener Musiker sein, der in Hibbing mit anderen fröhlich Krach gemacht hatte.

Ein Hörfehler half, die Erleuchtung noch heller, noch strahlender werden zu lassen. Zu seiner Überraschung war es Dylan, der die Beatles auf Haschisch bringen mußte, als er sie ein halbes Jahr später, am 28. August 1964, in New York traf. In Colorado hatte er im Autoradio »I Wanna Hold Your Hand« gehört und die Schlagerfloskel »I can't hide« schlicht für eine Rauschbeschreibung gehalten: »I get high.« Seltsam: die Beatles kannten verschiedene Aufputschmittel, hatten aber noch nie Haschisch geraucht. Dylan gab ihnen Nachhilfe.

Die Beatdichter kannten sich aus mit allerlei gesunden oder auch nur interessanten Drogen, und sie konnten hemmungslos schreiben. Vielleicht also doch lieber bloß noch schreiben. Bob Dylan hatte 14 Monate lang keine Platte mehr im Studio aufgenommen, als er am 9. Juni 1964 im Studio A von Columbia in New York auftauchte und in einer einzigen Nacht Songs für eine ganze LP einspielte, »Another Side Of Bob Dylan«. Manches ist verlorengegangen, und außerdem verleitet diese Leistung dazu, sie gleich noch zu steigern, deshalb soll er in jener legendären Nacht ein weiteres Dutzend Songs aufgenommen haben, genug eigentlich, um bei anderen eine ganze Karriere draus zu basteln und sie auch schon wieder zu beenden.

Seit je haßte der Sänger der Ausgebeuteten dieser Erde nichts mehr,

Würden Sie diesem Mann zuhören, wenn er literaturwissenschaftliche Vorträge hielte? Macht er aber nicht. »i would rather model harmonica holders than discuss aztec anthropology / english literature. or history of the united nations.«

als im Studio wie »in einer Kohlengrube schuften« zu müssen. »Dies ist mein Leib«, sagte sein Vorläufer, und von einer kulinarischen Verfeinerung ist nirgends die Rede im Buch der Bücher. »Nehmt und eßt, das ist mein Leib.« (Mt 26,26) Es ging um den Sänger wie den Song, aber beide waren nur in der Tagesform zu haben und nur leibhaftig. Das war Anfang der Sechziger nicht so ungewöhnlich; auch die Beatles schafften es, ihre erste LP »Please, Please Me« in gut zwölf Stunden aufzunehmen. Mehr Zeit blieb ihnen zwischen den Tourneen auch nicht. Bob Dylan ist kein Studiomusiker und wechselt seine Produzenten noch häufiger als seine Frauen. In den ersten zwanzig Jahren seiner öffentlichen Laufbahn kam er einfach ins Studio, spielte seine mehr oder weniger fertigen Stücke herunter und erwartete gar nicht, daß sich jemand anderer wesentlich länger als er selber mit der ästhetischen Feinabstimmung langweilte.

Spätestens seit der elektromusikalischen Erleuchtung in den wilden Bergen von Colorado war Dylan auf der Suche nach einem neuen, nach dem »wilden, quecksilbrigen Sound«. In jener Juninacht hatte er ihn erkennbar noch nicht gefunden, dafür ist die Platte zu intim, zu sehr immer wieder eine Abrechnung mit Frauen und allem, was ihn sonst so ärgert. Nur bei »Motorpsycho Nightmare« sind der wilde Rhythmus und die wilde Assoziationsprosa endlich da. In einem Höllentempo brettert Dylan von »la Dolce Vita« bis Fidel Castro über die Pampa. »Cassius Clay, here I come!«

Die Session vom 9. Juni ist das eine unerhörte Dylan-Konzert, bei dem jeder von uns gern dabei gewesen wäre. Die Songs sind manchmal nicht fertig, die Verse so kompliziert verknotet (bei »Chimes Of Freedom«), daß er sie ganz vorsichtig vom Konzeptpapier singen muß, aber was für ein Auftritt! Ein Mann, ganz allein in seiner Kabine, und singt nur von dem, was ihm grad so durch den Kopf geht, und es sind zwei, drei seiner schönsten Songs dabei herausgekommen: »To Ramona«, »Chimes Of Freedom« und »My Back Pages«.

Und ist es nicht wieder rührend, wie sich das junge Genie als weltweise und lebensüberdrüssig inszeniert: »Ah, but I was so much older

Dylan war, man kann es nicht anders sagen, ein von den Himmeln herabgestiegener Cherub. Apple hat ihn längst entdeckt. Ach, kein Troubadour, der schönere Lieder gewußt hätte.

Think different.

Wissen es auch alle, haben es bald alle kapiert? »I'm a poet, and I know it. / Hope I don't blow it.«

then, / I'm younger than that now.« Weltberühmt möchte er werden, mindestens Elvis oder jetzt die ausländischen Beatles, und fürchtet doch die Zudringlichkeit der Welt, singt, klagt, beschwört diese Welt, die Frauen, alle, alle, daß sie in ihm einen hätten, auf den könnten sie nicht bauen, und im übrigen: »Go melt back into the night, babe, / Everything inside is made of stone.« Groß ist das und furchtbar, also groß.

Wahrscheinlich war Suze Rotolo mit »It Ain't Me Babe« gemeint, und fort war sie. Im Mai fuhr Dylan wieder nach London. In England war er bereits berühmt. Albert Grossman buchte ihn in die Royal Festival Hall, dreitausend Leute, ausverkauft. »The Freewheelin' Bob Dylan«, die vorangegangene LP, erreichte Platz 20 in der Hitparade. Anders als daheim erkannten ihn die Leute auf der Straße; es war wie bei den Beatles. Die Londoner Konzertagentin Anthea Joseph hat es erlebt: »Bob verließ den Bühneneingang vor mir, ich folgte mit Albert Grossman. Plötzlich mußten alle nach seinen Haaren grabschen und an seinen Kleidern zerren. Bob drohte zu ersticken in diesem menschlichen Ansturm. Er war zu Tode erschrocken! Albert und ich tauchten rasch hinein, und weil wir beide groß und stark waren, konnten wir ihn wieder reinziehen. Bei Popstars konnte so was vorkommen, aber doch nicht bei Liedermachern.«

Endlich erlebte Bob Dylan den Massenerfolg, den er mit Elvis verband: Die Mädchen schmolzen dahin, und die Jungs, sie wollten sein wie er. Gleichzeitig dürfte seine mit den Jahren immer besser gepflegte Paranoia hier ihren Ausgang genommen haben. Berühmt wollte er unbedingt sein, viel Geld verdienen mit seinen Platten, aber sie sollten ihn doch nicht überfallen, sondern einfach in Ruhe lassen.

Speed Kills
AMPHETAMINE JAHRE

Drogen, aber wie! »Wir nahmen eine Menge Chemikalien, wie sie der Arzt für Entertainer und Sportler verschreibt«, so viel immerhin gab Bob Dylan zu. Ob er auch inhaliert hat? Es muß schon reichlich Chemie im Spiel gewesen sein. Dylan und John Lennon konkurrierten darum, wer sich besser mit Drogen auskannte. Die Beatles hatten bereits in den langen Hamburger Nächten allerlei Wachmacher eingeworfen. Im Hotel in London konnten sie es jetzt gemeinsam tun. Die Beatles spielten Dylan »Revolver« vor, er lobte ihre Fortschritte im Text und war nicht wenig neidisch auf ihren Erfolg als elektrische Popstars. »Bringing It All Back Home« brachte einige E-Gitarren-Stücke, aber noch galt Dylan als Folkmusiker.

Und hatte es satt.

Auf dem Cover seiner neuen LP bricht es kontrolliert aus ihm heraus: »i would rather model harmonica holders than discuss aztec anthropology / english literature. or history of the united nations.« Ich akzeptiere das Chaos, geht es wild weiter und nicht ohne Witz, »bin mir aber nicht sicher, ob es mich akzeptiert«. Wieder half ihm England. Bob Dylan hatte neun Auftritte (nicht seine besten), wurde für die BBC und vor allem von D. A. Pennebaker gefilmt. Er traf Donovan, verspottete ihn, ließ Alan Price (früher Animals) vor sich hin trinken und verspottete ihn. Joan Baez, die er doch eingeladen hatte, wurde nicht einmal seines Spotts für würdig befunden, sondern abserviert. Sie hatte ihn einst auf die Bühne geholt und an ihren menschenfreundlichen Busen gedrückt. Jetzt hoffte sie selber auf ein paar gemeinsame Auftritte, um ihre kommende Tournee durch England vorzubereiten, aber er wollte einfach nicht. Dylans Freund und Hausmeister Bob Neuwirth verweigerte ihr sogar den Einlaß in das allerhochheilige Hotelzimmer. War vielleicht auch besser so: Pennebaker hat alles festgehalten.

Dylans bezwingende Arroganz, schon beim Biographen Anthony Scaduto thematisiert und erklärt mit seiner Kurzsichtigkeit, sie kommt nirgendwo schöner raus als in »Don't Look Back«, dem Film über die England-Tournee. Einem Reporter erzählt Dylan in manischem Feuer, wie schlecht die Welt ist und wie sehr er alles verachtet: Politik, die Industrie, die Popmusik, alles. Joan Baez auch; sie hat ausgedient. Und sang sie nicht sowieso zu sauber, zu sehr allzeit der betroffene Sopran?

»Tea, anyone?«: Die Beatles auf Tournee und beim Englischen Frühstück.

Zuverlässig sind die verschiedenen Aussagen nicht, aber offenbar wollte Dylan nicht mehr singen. Seit einiger Zeit schrieb er an einem Buch, das nach einer dunklen Stelle im »Zarathustra« Friedrich Nietzsches »Tarantula« heißen sollte und im Stil der freien Assoziation wie seine Covertexte gedacht war. Prosa also. Vielleicht sogar Stücke. Bloß nicht mehr singen.

Bye-bye Joan, hello Sara!

Sara Lowndes war die Neue, sie wurde seine Frau und »Sad-Eyed Lady Of The Lowlands«. Nach einem Urlaub in Portugal mit Sara und dem Ehepaar Grossman lag Dylan eine Woche krank in London im Hotel und dachte nach. Er war gefeiert worden in England, er hatte regelrechte Audienzen abhalten können, er durfte sich ungestraft unmöglich benehmen, aber all das vermehrte seinen Abscheu vor allem und fast jedem nur noch. Auf dem Weg zurück in die USA begann er tatsächlich längere Prosa »auszukotzen«, einen Haßtext, aus dem schließlich doch wieder und zum Glück nur ein Song wurde, »Like A Rolling Stone«. Natürlich ist der rollende Stein 1965 bereits eine betagte Metapher. Muddy Waters hat ihn ins Spiel gebracht, die Rolling Stones haben sich nach ihm benannt, und in »Don't Look Back« fordert Bob Neuwirth Dylan auf, auch die dritte Strophe von Hank Williams' »Lost Highway« zu singen: »I'm a rolling stone, I'm alone and lost. / For a life of sin I've paid the cost«, na und so hankmäßig weiter. Großes, großes Lied.

Dylan ging weit darüber hinaus. »Like A Rolling Stone« klagt keinen ungerechten Richter und keinen Rassisten aus dem Süden mehr an; in seinem Weltekel ist der Song schon existentialistisch. Viel Haß auch: Frauen, Geld, Ruhm, Fans; ein bißchen greint das verwöhnte Kind, weil zu viel zu schnell kam und alles. Vielleicht doch vor allem ein frühes Selbstporträt.

Kaum wieder zu Hause, bestellte Bob Dylan den Bluesgitarristen Mike Bloomfield aus Chicago nach Woodstock, wo er inzwischen die meiste Zeit lebte, und spielte ihm das noch unfertige Stück vor. Nach ein paar Tagen fuhr man nach New York, wo es am 15. und 16. Juni aufgenommen wurde. Als Zuhörer war auch der Gitarrist Al Kooper dabei. Dylan probierte wie immer im Studio einen neuen Sound aus, arrangierte, kaum gestört vom Produzenten Tom Wilson, und schrieb den Song zu Ende. Paul Griffin wurde ans Klavier gesetzt, und Al Kooper versuchte sich an der Orgel, die er noch nie gespielt hatte. Er tastete sich in den Song »wie ein Kind, das nachts nach dem Schalter sucht«, und so entstand der verstörende Sound.

Wie sich zeigte, war das die ideale Kombination: Bob Dylans zornige Zeilen, die trotzdem nicht mehr leitartikelempört sein mußten; die Gitarre von Bloomfield; Paul Griffin am Klavier; und Al Kooper, der düster dazu orgelt. Entgegen einem hartnäckigen Gerücht war der Song keineswegs in einem Take fertig, aber schließlich waren alle zufrieden. Trotz einer Länge von fast sechs Minuten brachte Columbia das Stück als Single heraus; im August stand »Like A Rolling Stone« auf Platz 2 der amerikanischen Hitparade. Dylan hatte die Beatles eingeholt; er war endlich Rock-'n'-Roll-Star.

Das Unterwegssein sei ihm angeboren, sollte Dylan später sagen, aber meinte er wirklich dieses Hotelzimmer, diese erste Tasse Tee am späten Nachmittag?

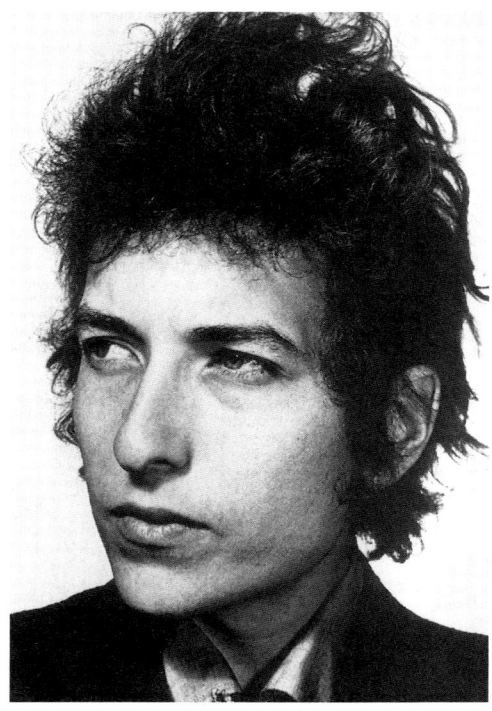

Sie haben ihn natürlich immer wieder gefragt, wie er das mit den Haaren mache. Ganz einfach, pflegte Dylan zu erwidern, zwanzig Jahre drauf geschlafen. James Dean ist nichts dagegen.

In dem merkwürdig inkongruenten Bild, das Dylan in »Like A Rolling Stone« beschwört, ist sein eigenes schillerndes Image eingefangen: »You're invisible now, you got no secrets to conceal.« Nichts, könnte man das verstehen, entgeht dem Auge der Öffentlichkeit, die in Rede stehende Person ist so transparent, daß sie nicht mehr da ist.

Die weiteren Stücke für die kommende Platte wurden Ende Juli und Anfang August aufgenommen. Vorher aber fand jenes Ereignis statt, das angeblich alles änderte, das Newport Folk Festival. Bob Dylan soll vor einem bestürzten Publikum plötzlich zu einer E-Gitarre gegriffen, sie an den Verstärker angeschlossen und losgejault haben.

Die Legende lebt, aber es wäre zu schön, wenn sie auch noch wahr wäre. Albert Grossman gehörte seit Jahren zu den Organisatoren des Festivals, und auf sein Betreiben war die Paul Butterfield Blues Band

»I dreamed / Romantic facts of musketeers / Foundationed deep, somehow. / Ah, but I was so much older then, / I'm younger than that now.«

»Meanwhile, back at the Newport Folk Festival ...« Was Sie gleich hören werden, liebwerte Ladies und geschätzte Gentlemen, ist nicht »Sounds Of Silence«.

(mit dem Gitarristen Mike Bloomfield) eingeladen worden. Dylan sollte beim Songwriters' Workshop am Sonntagabend, dem 25. Juli, auftreten. In der Woche zuvor war »Like A Rolling Stone« herausgekommen, und in der Hitparade befand sich noch »Subterranean Homesick Blues«. Jeder wußte also, was ihn erwartete. Dylan probte in der Nacht von Samstag auf Sonntag mit seiner Band. Er trug, ganz wichtig, neue Sachen, ein großgepunktetes Hemd und wie seine Mu-

Sie schreiben dich hoch, klagt er, und legen dich fest, klagt er, bis du glaubst, du hättest genauso zu sein wie sie. Nein, Leute, daraus wird nichts. Nicht mit mir.

siker eine Sonnenbrille.[1] »Er sah aus wie ein Puertoricaner in Chicago«, sagt Mike Bloomfield.

Als Vorgruppe traten Albert Grossman und Alan Lomax auf, einer der Organisatoren und Heros der Folkbewegung. Die beiden prügelten sich und wälzten sich offenbar richtig am Boden. Es ging um den Auftritt der Butterfield Blues Band, auf dem Grossman natürlich bestanden hatte, weil sie von ihm betreut wurde. Bloomfield erinnert sich, daß ihnen vom Saufen und Rauchen furchtbar schlecht war und daß sie ständig kotzen mußten. Dylan selber war voll bis zur Halskrause. Er spielte »Maggie's Farm«, und Paul Rothchild drehte den Sound auf. Das war – Farm hin oder her – keine Folklore mehr. Die Zuhörer riefen angeblich nach Cousin Emmy, die vor ihm aufgetreten war. Dann kam »Like A Rolling Stone«, und schon hörte man »Ausverkauf!« und andere empörte Rufe wegen des Stroms. Als drit-

1 25 Jahre später, bei seinem Auftritt in MTV und zeitgemäß wieder »unplugged«, trug er zur Sonnenbrille – zwinker, zwinker! – ebenfalls ein großgepunktetes Hemd.

tes Stück hatte Dylan »It Takes A Train To Cry« geprobt. Hinter der Bühne regten sich Pete Seeger, Theodore Bikel und Alan Lomax über die Lautstärke auf. Lomax, zusammen mit Harry Smith der Lordsiegelbewahrer der linken Folktradition, soll geschäumt haben. Dylan selber fand den Auftritt angeblich großartig und will erst ein Jahr später erfahren haben, daß er ein Reinfall war. Pete Seeger zumindest wußte, was er zu hören bekommen würde, denn er klagte, bei der Probe hätten Musiker und Techniker auf immer noch mehr Lautstärke bestanden. Seeger wollte dann während des Auftritts den Toningenieur vom Mischpult verjagen. Die Sage, daß er mit einer Axt die Stromkabel kappen wollte, ist nicht mehr zu erschütterndes Gemeingut. Allerdings gibt es dafür einen pittoresken Anlaß. Bloomfield erzählte später, daß Pete Seeger mehr konnte, als nur mit einem Hammer zu argumentieren. Seeger hatte eine Gruppe schwarzer Kettensträflinge (»Mörder«, sagt Bloomfield) mitgebracht, die wie in einem Musikantenstadl mit vielen Hackebeilchen auf einen Baumstamm einteufelten und dazu sangen: »All I hate about lining track, whack, this old chain gwine break my back.« Sehr hübsch.

Peter Yarrow von Peter, Paul & Mary reichte Bob Dylan schließlich nach einer bestürzten Pause eine akustische Gitarre, und als Dreingabe und wahrscheinlich, um die Zuhörer zu versöhnen, spielte er »Mr. Tambourine Man« und schließlich »It's All Over Now, Baby Blue«, was fast eine zu deutliche Botschaft war. Offensichtlich war es

»Here comes the blind commissioner / They're painting the passports brown / The beauty parlor is filled with sailors / The circus is in town.«

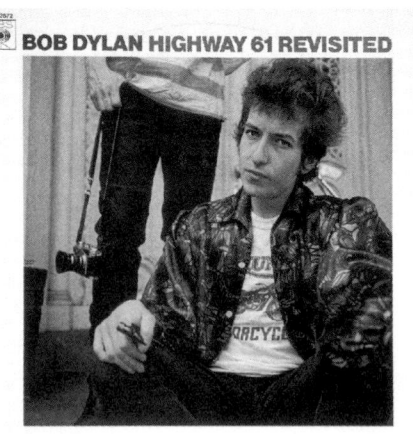

mit dem Folkrevival vorbei. Auf jeden Fall hatte die Folkmusik ihren Erzengel verloren.

Auf den überlieferten Bändern kann man keine Buh- und Protestrufe hören, aber Unruhe muß es gegeben haben. Dylan und seine Band waren wieder einmal voller Speed; das Zusammenspiel funktionierte nicht besonders. Sie waren so durcheinander, daß Mike Bloomfield Dylan nach dem Vortrag fragen mußte, ob er es gut fand. Der Streit geht nun dahin, ob die Proteste daher rührten, daß der Sound so schlecht war oder daß jemand auf einem erklärten Folkfestival zur E-Gitarre griff und damit eindeutig Popmusik spielte. Hatte Dylan sich am Ende doch übernommen? Hatte er das Publikum falsch eingeschätzt? Mußte er jetzt bezahlen für sein sündiges Leben? Fragen über Fragen.

Die Reaktionen hatten Dylan erkennbar verstört, aber dann fühlte er sich doch bestätigt. Der gleiche Auftritt noch mal beim Forest Hills Music Festival in Queens, fünf Wochen später. Dylan spielte akustisch und elektrisch, wurde als »Verräter« beschimpft und gefragt, wo eigentlich Ringo bleibe. Ringo von den Beatles, das heißt doch nett sein zum Publikum und nichts anderes als der »Ausverkauf!«. Jemand drang bis auf die Bühne vor und schubste den Keyboarder Al Kooper von seinem Stuhl. Diesmal aber sang das Publikum bei »Like A Rolling Stone« mit. Dylan wollte nicht mehr der Alte sein, und vorsorglich erzog er sich sein Publikum.

Und hier folgt exklusiv die endgültige Erklärung des mysteriösen und doch so folgenreichen Auftritts in Newport 1965: Dylan sei kein Verräter, sagte sein allzeit bereiter Chefastrologe Allen Ginsberg, nein, nein, »er hat sich an Gott verkauft«

1965 erreichte Bob Dylan einen, seinen frühen Höhepunkt: »Bringing It All Back Home« und »Highway 61 Revisited«; Platten fürs Leben. »The highway is for gamblers, better use your sense«, sang er da und handelte selber völlig unvernünftig und unökonomisch und haute Song um Ballade um mittleres Epos hinaus. Was er da von Melville über Rimbaud bis zur Warholschen Factory zusammenassoziierte, überschritt leichten Herzens jede Geschwindigkeitsbegrenzung,

aber das Überraschende war, daß man ihm das alles als hitparaden-
fähige Popmusik abkaufte. Was Dylan sang, war ganz zeitgenössisch
und hatte doch nichts mit der Gegenwart der konkurrierenden Singe-
rei zu tun. Es war anders, fremd, unbegreiflich, groß. Wer mit der
üblichen britischen Popmusik aufgewachsen war, meint der englische
Journalist Johnny Black, »und dann Dylan entdeckte und sich für ihn
begeisterte, der hätte genausogut ein Monster aus dem Weltall heiraten können«.

New York oder vielmehr Manhattan brauchte nun wirklich keinen,
der ihm erzählte, daß es Brecht gab und Weill und Rimbaud und die
Sachen. Wahrscheinlich hat Dylan sogar zum ersten Mal in New
York von den Europäern gehört, aber chuzpös, wie er war, konnte er
die für ihn neuen Erkenntnisse sofort als für alle neu ausgeben. Die

Ich akzeptiere das Chaos,
sagt er ganz staatsmän-
nisch. Aber dann doch
nicht ohne Witz: »Bin mir
aber nicht sicher, ob es
mich akzeptiert.«

Popmusik gab ihm bald auch die Möglichkeit, beispielsweise die Beat-autoren zu propagieren, die niemand zu kennen schien. Zwar hatten sie jahrelang im Umkreis der New Yorker Columbia University ge-lebt, waren zwanzig Jahre zuvor sogar gerichtsauffällig geworden, als einer von ihnen, Lucien Carr, einen anderen umgebracht und die Leiche dann in den Hudson gerollt hatte, aber berühmt waren sie nicht geworden, immer Underground. Erst Bob Dylan gelang es, die Methode der freien Assoziation, Kerouacs Erfindung, durchzuset-zen. Jack Kerouac hatte »On The Road« auf einer Endlosrolle Fern-schreiberpapier geschrieben, Bob Dylan assoziierte und dehnte seine Songs erbarmungslos bis über zehn Minuten, überforderte die Zuhö-rer mit allerlei Wortspielen, improvisierte noch im Studio und ver-stand sich in den epischen Notaten, mit denen er seine Plattencover versah, sowieso längst als der moderne Dichter.

Weltmeister ist er im Verachten der Journalisten, dabei hat er sich ih-rer Bewunderung immer zu bedienen gewußt. Ganz gleich, was er ihnen anbot, sie nahmen ihm alles ab. Wem sonst wäre es gelungen, in New York einigermaßen geläufiges Bildungsgut als Kraftgenialität zu verkaufen? Ein Spiel, ein hübscher Sport, ein Hasch-mich mit An-spielungen, und es sind gewaltig viele Namen, die da fallen: Brecht, Blake, Whitman, Melville, Kerouac, Genet, Truffaut, auch Françoise Hardy. Ja, er sei einer, der Ideen klaue, aber doch keine Seelen, schreibt er auf das Cover von »The Times They Are A-Changin'«. Im Dezember 1975 wird er beim Abschlußkonzert der Rolling Thunder Revue sein seltsames Lied »I Dreamed I Saw St. Augustine« aus-drücklich »Mr. Herman Melville« widmen. Amerikanischer geht's dann nicht mehr.

Große Dinge kündigten sich an. Bob Dylan protzte offen mit dem Warhol-Model Edie Sedgwick, schrieb »The Leopard-Skin Pillbox Hat« über sie und »Just Like A Woman« und heiratete heimlich Sara Lowndes. Die Fans sollten ebensowenig davon wissen wie von John Lennons Ehefrau Cynthia. Sie sollten überhaupt nichts wissen über sein Privatleben. Bald würde er komplett unsichtbar sein.

Der englische Patient
HÖRSTURZ

D a können die Seriositätskasper noch so groß und verächtlich tun, die Popmusik, das Windigste, Vergänglichste, Plastikhafteste, was es in der Kunst gibt, führt ein zähes Leben. Die Songs mögen kompreß und gehetzt sein, nur in bedeutenden Ausnahmen die Dreiminuten-grenze überschreiten, sie fassen doch die ganze Welt von Herz bis Schmerz und wieder zurück. Ein Riff wie der Anfang von »Satisfac-tion«, unzweifelhaft erfunden zwischen einer mittelmäßigen Orgie und einem gewaltigen Kater, ein Fehlgriff wahrscheinlich auf Keith Richards' Gitarre und nichts weiter als brummdumme Art brut, reißt womöglich genau die eine Saite an, mit der, wie es beim Dichter Eichendorff heißt, die ganze Welt zu singen anhebt.

Doch was wäre die schönste Melodei ohne den Interpreten, die Kunst ohne einen möglichst halbseidenen Vertreter, der sie en détail ver-scherbelt und von Haustür zu Haustür zieht mit seiner so topmodi-schen wie vergänglichen Ware? Es ist der Sänger und nicht sein Song, um den es geht. Sei's aus Überdruß, sei's weil die Variation den Sti-listen erst recht bei den eigenen Sachen erfreut, kennt Dylan schon bald kein Vaterland und keine Freunde mehr und spielt mit seinen Stücken. Er foppt seine Zuhörer erbarmungslos, irritiert mit fehlge-fingerten Intros, wechselt die Tonart, stümpert sich vielleicht durch den Song und kommt ganz woanders an. Ist er's, oder ist er's nicht? ER ist es, wer denn sonst?

Man muß sich ja nicht gleich zum Celibidache-Proselyten machen, aber das Einmalige, das Dylan-Gemäße, wird nur im Konzert zum Ereignis. Verglichen mit dem heutigen Gemeinsamen World-of-Sony-Markt, waren in den Sechzigern nur wenige dabei, und wer erinnert sich schließlich noch an jedes Pizzikato? Das ist die Stunde der ganz Gescheiten, die angeblich sogar eine Partitur lesen können. Wer dabei war, erzählt freilich Wunderdinge und von mindestens einer Stern-stunde für die Menschheit; den anderen bleibt bloß eine Raubpres-sung. Seit über dreißig Jahren gelingt es trotz manchmal erbarmungs-loser Kontrollen immer wieder, Bob Dylans Konzerte mitzuschnei-den und unters Volk zu streuen. In mehr oder minder guter Qualität kursieren sie von Hand zu Hand, werden weiterkopiert, bei Sympo-sien unterschiedlichster akademischer Qualifikation synoptisch und synakustisch verglichen und stets als Schatz gehütet. Der Dylansche Werkkatalog hat sich dabei so stark vergrößert, daß längst ein anständiges Köchelverzeichnis fällig wäre. Manchmal hebt die Plattenfirma diese Aufnahmen aus dem Untergrund und veröffentlicht sie in der jetzt so genannten »Bootleg Series«. Ein Konzert wie das in der Hollywood Bowl 1965, wo Dylan, wie sich erweist, fast kammermusikalisch bei der Sache ist, gibt es noch immer nicht offiziell. Dafür wurde ein Konzert der Rolling Thunder Revue 1976 in Fort Collins als »Hard Rain« vertrieben, obwohl es einfach nur scheußlich ist. Aber schließlich gibt es auch eine Fernsehaufzeichnung davon, und der Markt mußte deshalb gründlich zugeschüttet werden.

Mythischen Stoff bietet wieder die Europatournee 1966. Das sogenannte Royal-Albert-Hall-Konzert kam 1998 offiziell heraus, »und

Und die Rede floß von seinem Munde, und sie staunten ob dieser Weisheit, die weit über seine Jahre hinausging, und alle, die ihn hörten, rühmten seinen unerhörten Witz. Bob Dylan spricht mit »Rolling Stone«, 1969.

es zeigt, wie es um unsere Kultur steht, wenn das beste Album der letzten Zeit 32 Jahre alt ist«, wie Keith Cameron im »New Musical Express« schrieb. »Live 1966. The ›Royal Albert Hall‹ Concert« bringt auf der ersten CD sieben Stücke mit akustischer Gitarre und auf der zweiten acht elektrifizierte, bei denen sich Dylan von seiner fünfköpfigen Band begleiten läßt. Mit viel technischer Unterstützung, mit Dolby und Rauschunterdrückung spürt man beim elektronischen Teil Unruhe im Publikum und hört verwirrtes, kaum rhythmisches Klatschen. Nach der »Ballad Of A Thin Man« schnaubt Dylan ein wenig durch seine Mundharmonika, dann stimmen er und Robbie Robertson die Gitarren. Der Stereoton hat einem Zwischenrufer eine Gasse frei geschaufelt, und man hört sein ziemlich gut plaziertes Schimpfwort, hört diesen zweisilbigen Ruf »Judas!«, aber nur un- deutlich das Gebrummel der Umstehenden, und es läßt sich nicht ent- scheiden, ob es zustimmend ist oder gleichfalls empört. Dylan (wenn es Dylan ist) überlegt und sagt dann wenig schlagfertig: »I don't be- lieve you!« und »You're a liar!«, an die Band geht der Befehl, von Ro- bertson oder hoffentlich von Dylan selber: »Play fuckin' loud!«

Dieser kurze Dialog, der natürlich keiner ist, gehört zu den großen Mythologemen in der Dylanologie. Schlimmer noch als beim New- port Festival im Jahr zuvor scheint Bob Dylan, der folkisierende Polit- propsänger von »Blowin' In The Wind« und »Masters Of War«, die Fans zu enttäuschen. In England, von wo die amerikanische Folkmu- sik doch einmal importiert wurde, müssen sie ihn regelrecht hassen. Ein aufgebrachter Zuhörer wurde nach dem Konzert interviewt und fand ohne weitere Umschweife, jemand wie Dylan (und es dürfte egal sein, ob er den elektrifizierten, den allzu amerikanischen, den eitlen oder den bloß gräßlich erschöpften meinte) gehöre »erschossen«.

Warum der Ruf vom Verräter aber erst nach dem siebenten elektrifi- zierten Song ertönt und warum ausgerechnet das Publikum in Man- chester so streng gewesen sein soll, läßt sich nicht mehr rekonstruie- ren. C. P. Lee hat es dennoch versucht. Er war mit 16 Jahren dabei in der Free Trade Hall, und 1998 hat er seine Studie »Like The Night« herausgebracht. Kaum waren CD und Buch da, meldete sich in

Beatlemania hieß das Fremdwort, und jetzt traf es Bob Dylan, der in London bloß musizierte. Seine Haare waren auch länger.

Toronto ein Keith Butler und bekannte, er sei es gewesen, er habe damals »Judas!« gerufen, und natürlich interessiere ihn die ganze Geschichte mit E- und A-Musik jenseits seines eigenen und nur historisch zu nennenden Beitrags nicht mehr besonders.

Das Konzert am 17. Mai 1966 in der Free Trade Hall wurde fälschlich als eines zehn Tage später in der Royal Albert Hall in London archiviert, an dem zumindest John Lennon und George Harrison und wahrscheinlich Mick Jagger teilnahmen, und der Dokumentarfilmer D. A. Pennebaker, der Dylan auch diesmal begleitete, versicherte all die Jahre, er hätte die Judas-Rufe in London vernommen. Die Londoner Konzerte verliefen aufgeregter als das in Manchester, aber vermutlich gab das Tonband nicht genug Unmut her. In Paris wünschten sie ihm sogar gesegnete Heimkehr nach dort, wo er hergekommen war: »Ami, Go Home!«

Gerüchte kursierten allenfalls über Dylan und seinen neuen Sound, aber warum hätten ihn die ungleich moderneren Engländer deshalb ablehnen sollen? Die Beatles waren als »Gitarrengötter« (Charles Manson) aufgetreten und hielten 1966 noch das ganze Land unter Strom. Was sollte der Verräter denn verraten haben? Daß er anders war als die Beatles, hatte man notfalls schon gemerkt. Ein paar Monate allerdings blühte diese innige Freundschaft mit John Lennon. Dylan hörte sich in London das Demo für »Revolver« an, die Beatles bekamen »Blonde On Blonde« geboten. Lennon schrieb sein schönes Liebeslied »Norwegian Wood«. Im akustischen Teil von Dylans Manchester-Konzert taucht es unvermutet wieder auf, heißt jetzt »Fourth Time Around« und ist eine unverschämte Parodie des Lennon-Songs. Die diebische Elster wieder. Ob das vielleicht der Verrat ist?

Zehn Tage nach dem legendären Konzert fuhren Dylan und Lennon übrigens zusammen im Auto durch London. Zwei Egomanen, die sich nichts schenken können, auf dem großen Trip. Nacheinander brabbeln sie delirantes Zeug, beide sind stoned, wie man es sonst nur aus dem Lehrbuch für Suchtmittelmißbrauch kennt, und schließlich sagt Dylan, jetzt müsse er aber kotzen. »Eat The Document«, der Film, den Pennebaker auf der Tour drehte und der auch diese Szene enthalten sollte, wird leider fast nie gezeigt.

Brian Epstein hatte die Beatles immer davon abhalten können, sich zum Vietnamkrieg zu äußern (so jedenfalls würde John Lennon nach-

Das da draußen ist zwar immer noch England, aber Bob Dylan trägt eine
Sonnenbrille, und Jimi Hendrix ist weit, weit weg in Amerika.

träglich sein lange friedlich schlummerndes politisches Bewußtsein
erklären), aber daß sie inzwischen populärer seien als Jesus, dieses
kühne Statement wutschte 1966 doch am Manager vorbei. Brav fie-
len die amerikanischen Teenager in den Südstaaten von den Beatles
ab, verbrannten, aufgehetzt von ihren geistlichen Ratgebern, reichlich Fanartikel und ließen die eben noch so kostbaren Platten von
einer Raupe in lauter kleine Stückchen walzen. Epstein berief in New
York eilends eine Pressekonferenz ein, und Lennon entschuldigte sich
gehörig. Das Thema allerdings hatte ihn inzwischen am Wickel. Wieder zu Hause in England, bestellte er eines Morgens seine drei Kon-

»I sing the body electric«, hatte der amerikanische Dichter Walt Whitman
hundert Jahre zuvor gejauchzt. Bei Dylan wird draus das Hohelied der E-Gitarre.

fratres zu sich und teilte ihnen seelenruhig, wenn auch nicht frei vom
heiligen Feuer, die Frohe Botschaft mit, daß er, John Winston Lennon, der wiedergeborene Jesus Christus sei. Er halluzinierte so wun-
derschön, daß Ringo, Paul und George (später genannt »My Sweet
Lord«) bloß mehr schweigen und ergriffen vernehmen konnten, welche Maßnahmen John plante, um die Weltöffentlichkeit möglichst
schonend auf diese alles erschütternde Nachricht vorzubereiten.
Lange währte die Inkarnation zum Glück nicht, der wiedergekehrte
Jesus lernte die japanische Konzeptkünstlerin Yoko Ono kennen und
entschied sich für eine alternative Form des öffentlich produzierten
Wahnsinns.
Diesen Lennon, der ihm 1965 und 1966 so gelehrig nacheiferte, hatte
Dylan in »Fourth Time Around« verspottet. Das verzieh man ihm
nicht so ohne weiteres, und das – so jedenfalls meine Vermutung – hat
die Engländer mehr geärgert als der Wechsel von der akustischen zur
E-Gitarre. Oder waren die Zuhörer einfach überrascht, daß Dylan
sich nicht mit seiner Nichtstimme begnügte und mit der zagen Aku-
stikbegleitung, sondern die Band losscheuern ließ, daß es nur so
krachte? Laut, das war er, stimmt, aber laut kannten sie doch von den

Animals und von Dave Clark Five. Anders als auf der bisher kursie-
renden Bootleg-Fassung endet die neue Version mit einem Fetzen der
britischen Nationalhymne, die durch den Saal wabert.

Und so begab es sich, daß in der Mitte des siebten Jahrzehnts des
20. Jahrhunderts ein 25jähriger amerikanischer Musiker, mit nichts
weiter im Sinn als Elvis und Chuck Berry und ein bißchen unterstützt
von den Beatles, die Musik und ihre namenlose Schönheit ein für allemal definierte. Für andere war es vielleicht die Premiere von »Le
Sacre du Printemps« oder »Moses und Aron« oder, noch schlimmer,
irgendwas Cole-Porter/Louis-Armstrong-Mäßiges, aber diese anderen
täuschen sich alle; nichts nämlich geht über »Subterranean Homesick
Blues«, »Highway 61 Revisted« und »Blonde On Blonde«. Wer Ohren hat zu hören, der hört und hört es nie besser, wie schön Musik
sein kann. Die Stimme hat den richtigen Sound gefunden und der
Dichter seine reinen Weisen. Erlösung ist möglich und schon hier auf
Erden, singt Bob Dylan in »Visions Of Johanna«, und wer es fassen
kann, der fasse es: »Inside the museums, Infinity goes up on trial /
Voices echo this is what salvation must be like.« Wer es doch nicht
faßt, dem ist auf Erden und auch im Himmel nicht mehr zu helfen.

Das sogenannte Royal-Albert-Hall-Konzert ist eine Sternstunde nicht
nur in Bob Dylans Laufbahn, sondern auch in der Geschichte der
Popmusik. Nie wieder hat er außerhalb eines Studios so sauber und
versunken zugleich gespielt. Vor allem haßt er seine Songs noch nicht
so inbrünstig wie später. Er spielt sie so laut, so schön laut. Und die
Welt hebt an zu singen.

Motorcycle Nightmare
DIE LEGENDE LEBT

Bei seiner Fahrweise lag nichts näher als ein Unfall. In Hibbing hätte er 1958 fast einen Buben überfahren, der aus einer Reihe parkender Autos auf die Straße lief, um einer Orange hinterherzujagen. Einem Radioreporter, der ihn scherzhaft an James Deans Tod erinnerte, mußte er live versprechen, ja vorsichtig zu fahren. Joan Baez, die gelegentlich seine Sozia war, weiß, wie wenig Spaß das Fahren mit dem kurzsichtigen Kamikaze machte: »Er hing wie ein Mehlsack auf seinem Motorrad. Mir kam es immer so vor, als würde das Ding uns fahren. Wenn wir Glück hatten, legten wir uns auf die richtige Seite und schafften die Kurve, wenn nicht – es wäre aus gewesen mit uns beiden.«

Jeder halbwegs anständige Mensch war damals Elvis oder James Dean. Elvis tauchte nur noch selten auf, war aber in jedem seiner grauenhaften Filme von langhaarigen Mädchen umgeben und saß gern in kleinen, schnellen Autos herum. James Dean war 1955 an einer kalifornischen Kreuzung in einem kleinen, schnellen Auto gestorben, aber dafür jetzt ein Idol. Kurzsichtig wie ein Maulwurf, grade frisch bekannt geworden neben Elizabeth Taylor und Montgomery Clift, rein in den Porsche, voll aufs Gas und bumm, aus, weltberühmt. Elf Jahre nach James Dean hätte auch sein Nachfolger gut am Straßenrand draufgehen können, und es wäre ein würdiger Tod gewesen, Pop. Ein Trauma blieb es auf jeden Fall.

Der 29. Juli 1966 muß auch ein schöner Tag zum Sterben und für den richtigen Ruhm gewesen sein. Bob Dylan gurkte wie üblich mit seiner englischen Triumph 500 durch die verwilderte Gegend von Woodstock oben im Staat New York, wo er ein Haus hatte, rutschte in einer Öllache aus und stürzte, bis zum Atlas und Dreher voller Speed, von seiner Maschine. Fast ein Held, fast wäre er James Dean nachgefolgt, und was es nicht für Geschichten gab hinterher! Tot sollte er sein oder wenigstens vollkommen entstellt; ein Krüppel. Vielleicht war er auch nur schlau, mutmaßte es schlau bei den Dylanologen, die sich allmählich um den Meister scharten, vielleicht mußte er auf Entzug, Alkohol, Drogen, alles, und der Unfall kam gerade recht und schützte ihn vor all der Neugier.

Vier Monate zuvor war ein Freund gestorben, Richard Fariña, dessen erste Frau, Carolyn, den hereingewehten Hobo Bob Dylan bemuttert und ihm zu seinem Plattenvertrag mit Columbia verholfen hatte.

Auf, singt dem Herrn ein neues Lied! Singt mit Zimbeln, Trompeten und Schalmeien! Bis alle Mauern fallen, alle Mauern, alle. Bob Dylan mit seinem Freund Richard Fariña und dessen Frau Carolyn.

Richard Fariña war ein kleiner Fitzgerald bei seinen Freunden, hatte angeblich auf Kuba gegen Batista gekämpft und in Irland gegen die Briten. Jetzt hatte er einen Roman geschrieben, in dem sogar die verläpperten Semester an der Cornell University wie ein einziges wildes Abenteuer klangen (»Been Down So Long It Looks Like Up To Me«), und war inzwischen mit Mimi verheiratet, der Schwester von Joan Baez. Auf dem Weg heim von einer Party, auf der er das Erscheinen seines Buchs feierte, stürzte Richard Fariña mit dem Motorrad und starb. Thomas Pynchon, der mit ihm in Cornell war, widmete ihm später »Gravity's Rainbow«.

Er hing, behauptet Joan Baez, wie ein Mehlsack auf dem Motorrad, aber das ist natürlich gelogen, der reine Neid.

Bob Dylan hatte wieder ein Muster, dem er folgen konnte, und wieder kam ihn die Nachfolge billiger als das Vorbild. Er erweiterte sein Repertoire, die Künstlerlegende nahm Formen an. Er sah das Licht – oder sah es ihn? »Es war am frühen Morgen auf einem Hügel bei Woodstock. Die Sonne blendete mich. Ich fuhr direkt in die Sonne hinein, ich schaute in sie hinein, obwohl ich noch wußte, daß mir jemand gesagt hatte, ich dürfe nie in die Sonne sehen. Eine Sekunde vielleicht war ich vollkommen blind, dann packte mich die Panik, ich bremste und flog, weil das Hinterrad blockierte, über den Lenker«, hat er zwanzig Jahre später Sam Shepard erzählt.

Schöne Geschichte. Vielleicht war es auch die Sonne. Sara jedenfalls, die im Auto hinterherfuhr, sammelte ihn auf. Im Krankenhaus lag er dann und bei einem Arzt zu Hause. Einige wollen ihn noch Wochen danach mit einer Halskrause gesehen haben. Lebte er überhaupt noch, oder ersetzte ihn vielleicht ein Schauspieler? Paul McCartney starb um diese Zeit ebenfalls für die Verschwörungstheoretiker. Es war schon alles sehr morbid damals. A. J. Weberman, der gläubigste der Ungläubigen, startete einen Kreuzzug, wollte Dylan vor der Hölle retten oder doch vor den Drogen, durchwühlte seinen Müll, um Belege für die Sucht zu finden. So wird man zum Star. Für die Welt, für die Fans, für die Ansprüche seines Gewerbes verschwand Bob Dylan siebeneinhalb Jahre fast vollständig von der Bühne; sehr seltsam und sehr Greta Garbo. Todkrank ließ er sich von Albert Grossman schreiben; der Manager hatte ihn bereits für eine weitere Konzertserie mit 64 Auftritten gebucht. Als Dylan Anfang 1974 wieder auf Tournee ging, war er ein anderer.

In Woodstock erholte er sich fürs erste von seinem frühen Ruhm. Alle wollten ihn damals haben: Die amerikanische Bürgerrechtsbewegung reklamierte ihn für sich, er sang politischen Folk und surrealistische Rocksongs und verleitete bei Bedarf die Beatles zu besseren Stücken. Für das chiliastische und nach Kennedys Tod verwaiste jüngere Amerika war er ein halber Messias.

Er hatte bloß keine Lust dazu.

Zwei Jahre, ehe sich die Hippies in Woodstock im Schlamm wälzten, traf sich der womöglich tote oder doch irreparabel beschädigte Dylan monatelang fast jeden Tag mit einer Band, die sich später tatsächlich konstruktivistisch »The Band« nannte, und nahm in einer Datsche traditionelle Folksongs, Evergreens und neue Lieder auf. Dylan lebte offenbar ganz gut, auch wenn er für die Welt gestorben war. Er lebte einfach normal, zeugte mit Sara ein Kind nach dem anderen, ließ sich einen Bart wachsen und fand die als reaktionär verschriene Countrymusik aus Nashville interessant.

Ja, er las die Bibel.

Der Popmythologe Greil Marcus hat später ein Buch über diese klandestine Zeit geschrieben, »The Invisible Republic« (auf deutsch: »Basement Blues«, 1997). Es ist ein monströses, alexandrinisches Werk, mit einem intellektuellen und detektivischen Aufwand zusammengedacht, als gelte es, die Versuchungen zu rekonstruieren, denen der hl. Antonius in der Wüste ausgesetzt war. (Schon Flaubert scheiterte daran.) Wie es sich für einen Wissenschaftler gehört, der gleichzeitig Dylanologe ist, sieht Marcus überall Verbindungen. Für den Verschwörungstheoretiker und erst recht den Dylan-Forscher hängt alles mit allem zusammen, und Bob Dylan logisch mit einer Folktra-

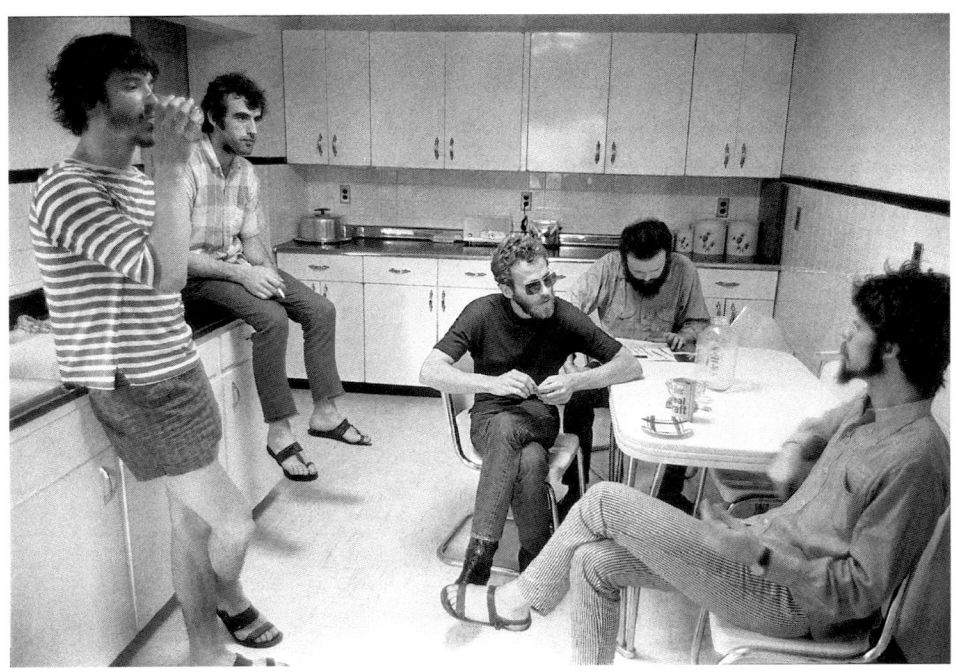

Woodstock vor Woodstock, das Küchenkabinett tagt: Rick Danko, Richard Manuel, Levon Helm, Garth Hudson, Robbie Robertson (von links).

dition, die bis ins amerikanische frühe 18. Jahrhundert zurückreicht. Als Linker hätte Marcus seinen geliebten Dylan gern in die schöne Galerie von Tom Dooley bis Jesse James eingereiht, die im Volkslied noch immer als Outlaws und also Helden gefeiert wurden. Dylan hatte nicht nur von Woody Guthrie profitiert und alles an Weisheit und Tricks eingesogen, was er von seinem Idol nur erhaschen konnte; er kannte auch die Anthologie mit nur mündlich überliefertem Liedgut, die Harry Smith Anfang der Fünfziger zusammengestellt hatte; und gewiß ließ sich ein Teil der in Big Pink (wie das Haus der Band nach dem Außenanstrich hieß) aufgenommenen Lieder auf arbeiterbewegte und landstörzerische Balladen aus der Frühzeit der Eisenbahn und den Arbeiterunruhen in den frühen Dreißigern zurückführen.

Als die Hippies in Woodstock einfallen, zieht Bob Dylan aus und flieht nach England. Hier trifft er mit seiner Frau Sara am Londoner Flughafen ein.

Probe für das Untergrund-Revival: Robbie Robertson und Levon Helm probieren in Big Pink amerikanische Volksmusik.

Zum Glück schulte der untergetauchte Dylan nicht auf Vergleichende Volkskunde um, sondern ließ es sich in Woodstock gutgehen, improvisierte zum Aufwärmen (wie es die Beatles bei ihren Plattenaufnahmen auch machten) die Klassiker, probierte hier, probierte da, und für den Fall, daß ein neuer Song dabei herauskam, lief das Tonband mit. Die später »Basement Tapes« genannten Aufnahmen kursierten acht Jahre lang unter dem Titel »Great White Wonder« auf dem grauen Markt: die erfolgreichste Bootleg-Platte aller Zeiten. Ende Juni 1975 kam sie, technisch leicht von Robbie Robertson bearbeitet, offiziell und mit dem heutigen Titel heraus. Wim Wenders drehte in jenem Sommer entlang der damaligen Zonengrenze den Film »Im Lauf der Zeit« mit Rüdiger Vogler und Hanns Zischler. »Die Amis haben unser Unterbewußtsein kolonisiert«, klagen sie einmal, aber bei den Dreharbeiten wurde immer nur der neue Dylan gesungen, der aus der Wüste von 1967 zu den armen zonenrandigen Deutschen sprach.

Ein distinguierter Herr schließlich, der in der pastoralen Abgeschiedenheit seines kleinen frühamerikanischen Walden nur mehr seinen Hobbys frönt: Frau, Kinder, die Farm und abends ein feines Liedchen zur Gitarre.

Das Tonband lief in Big Pink nicht ohne Grund. Wenn sein Star sich schon weiteren Tourneen verweigerte, wollte Albert Grossman wenigstens seine Songs einsammeln. Peter, Paul & Mary, Brian Auger, Julie Driscoll, die Byrds und Manfred Mann spielten Songs aus dem Keller ein, die Dylan selber nie offiziell veröffentlicht hatte. Sie waren sofort hitparadentauglich, dafür sorgten schon die simplen Melodien, blieben im Text aber fast so dunkel wie zuvor. Die Dylan-Exegese ging weiter, die ersten philologischen Arbeiten entstanden: Shakespeare konnte man heraushören und natürlich die Bibel, Altes Testament vor allem, die Schelt- und Drohworte der Propheten. Daß Dylan sich wohl fühlte, daß er mit der Band fröhlich zechte und den Bar-Crooner machte, wurde leicht übersehen. Wenn es eine Lebens- und Schreibkrise war, die ihn 1966 vom Motorrad warf, dann hätte er die Unterbrechung gar nicht besser nutzen können.

Allen Ginsberg besuchte ihn, erzog ihn, richtete ihn auf. Der unermüdliche Promotor fand wieder einen Schüler, dem er den Weg zeigen konnte. Nach innen ging der natürlich, nach Indien und weiter östlich. Eine ganze Kiste Bücher brachte Ginsberg mit, richtige Lyriker, Rimbaud, Sir Thomas Wyatt, Emily Dickinson, Federico García Lorca, Guillaume Apollinaire, William Blake und Walt Whitman. Es war wie Nachhilfe, und Dylan brauchte sie. Er hatte sich nicht bloß auf der Bühne erschöpft, er hatte seine Verse so verschwenderisch formuliert, daß ihm jetzt die Worte ausgingen. Die Pause nutzte er zum Nachlernen.

Es war vielleicht kein richtig schlimmer Unfall am 29. Juli, aber Dylan schrammte Mitte 1966 knapp an einer Nervenkrise vorbei. »Blonde On Blonde« war fertig und würde nur Tage nach dem Unfall erscheinen; das erste Doppelalbum in der Popgeschichte. Er war erschöpft. Wie schon John Lennon sollte auch Dylan ein Buch schreiben; der intellektuelle Popmusiker mußte das einfach auf seiner Liste haben. Der New Yorker Lektor fuhr nach Woodstock, um die Fahnen von »Tarantula« mit dem Autor durchzugehen. Der Autor konnte dann lieber nicht mehr genug sehen und verschob das Erscheinen. D. A. Pennebaker wollte den Tourneefilm »Eat The Document« fertigstellen; Bob Dylan sah sich das Rohmaterial an, und selbst das wurde ihm zuviel; vielleicht wollte er sich auch einfach nicht noch mal auf der Bühne sehen.

Krise heißt das in der Künstlerbiographie.

Bob Dylan war jetzt 25. In weniger als drei Jahren war er zum Herold des jungen Amerika aufgestiegen. Die Byrds sangen seine Lieder, die Beatles und die Rolling Stones sogen begierig jedes seiner Worte auf. (Der Popchronist Nik Cohn würde Dylan später so was von hassen, weil er der Musik und der Jugend den reinen Spaß geraubt hatte: »Er hat den Pop erwachsen gemacht, er hat ihm Verstand gegeben.«) Es war die beste Zeit, um jung und schön wie James Dean zu sterben. Brian Jones, Janis Joplin, Jimi Hendrix, Al Wilson folgten diesem Muster getreulich nach, wofür sie auch ewig leben werden.

Wer überlebt hat, ist nicht zu beneiden. Tot lebt sich's viel leichter weiter, und Hendrix und Joplin und sie alle hören nicht auf, aus dem Grab heraus das Lied vom schnellen Leben und frühen, frühen Tod zu singen. Ausgerechnet in der vergänglichen Popmusik hat sich dieser romantische Künstlermythos erhalten, daß nämlich, wer keats- und büchnermäßig möglichst früh dahinschwindet, nicht bloß die

»Blonde On Blonde«: die erste Doppel-LP der Popgeschichte, und eine Seite reserviert für Sara, für die »Sad-Eyed Lady Of The Lowlands«.

»I Want You«: Aufgenommen im März 1966 in einem Hotel in Nashville. Wayne Moss spielt die Gitarre, unvergeßlich.

schönste Kameliendame, sondern sowieso das einzig wahre Genie sei.

Es muß diese kunstsinnige Geste freilich objektiv begründet sein oder – reden wir nicht lang herum ums Numinose –: religiös. Jim Morrison und Brian Jones und Kurt Cobain – sind sie nicht gestorben, auf daß wir leben? Das tragisch umflorte Lied des allzufrüh Heimgegangenen klingt doch auch ganz anders als die musikalisch womöglich viel sorgfältiger gearbeitete Ware aus Tin Pan Alley. Aber nicht der fleißige Musikant hat recht, sondern der tuberkulöse, der gehetzte, der frühvollendete. Kunst kommt von sterben können.

Bob Dylan hat nicht bloß den vermutlich harmlosen Motorradunfall von 1966 überlebt, sondern die sechziger Jahre und vor allem den Mythos, den er sehr schnell um seine eigene Person kreiert hatte. Der sterbende Woody Guthrie war als Vorbild längst verblaßt. James Dean kam schon eher in Frage. Und eigentlich hätte Dylan längst tot sein müssen, ein Märtyrer der einzig wahren Musik, vielleicht sogar gesteinigt von weißen Idioten aus den Südstaaten, die den Niggerfreund wegputzen wollten. In der Fernsehserie »Wild Palms«, produziert von Oliver Stone, schmalzt sich ein Barsänger durch »All Along The Watchtower«, und einer der Zuhörer sagt zu seinem Nachbarn,

Sein Manager Albert Grossman wollte Dylan erst mit einer Dixie-Band herausbringen. Später besserte sich sein Geschmack, und er betreute Janis Joplin.

daß ihm Bob Dylans Lieder jetzt, wo der Kommunist tot sei, viel besser gefielen. Im New Yorker Central Park hätten sie ihn dann auch in einer musivisch gemeinten, unbedingt kreisrunden Yin-Yang-Platte verewigt, daneben eine Jenny-Holzer-Installation mit der Neonschrift (aber was denn sonst?) »Blowin' In The Wind«. Schaurige Vorstellung.

Er tat ihnen den Gefallen bloß nicht, sondern lebte einfach weiter. Der Unfall gehörte fortan zu seinem Mythos, aber auch das Überleben und der ständige Neuanfang. Das Aporistische des modernen Künstlers, das der gute Adorno bei Beckett nicht genug herauspräparieren konnte, überführte Bob Dylan allen Ernstes in die Popmusik. Daß man ihm auch das verzeiht, gehört nicht zu seinen kleinsten Leistungen. »There is no success like failure«, singt er jetzt seit 35 Jahren, und ein besonderer Erfolg sei das ja nicht. Doch darf man dem Künstler trauen? Lügt er da nicht schon wieder schamlos? Keiner ist so erfolgreich gescheitert wie Bob Dylan. Darum macht er auch weiter.

Dafür hat er überlebt, in Woodstock und später noch öfter. Und wer überlebt hat, sagt der Hungerkünstler Herbert Achternbusch, der geht querfeldein.

Nur der große Trickser Albert Grossman war ausgetrickst. Er konnte seinen Star nach dem Unfall nicht schon wieder losschicken, das sah er ein. Aber er hatte keine Vorsorge getroffen. Er war dabei, als Dylan über Monate und Jahre Wachmacher einwarf, spielte, Platten aufnahm, wieder spielte, probte, schrieb und Pressekonferenzen gab: »That wild mercury sound!« Oft redete Dylan wie wahnsinnig, und vor allem schlief er so gut wie nie. Kaum hatte er geheiratet, ging er erneut auf Tournee. Der Mann war überfordert, und er konnte jederzeit zusammenbrechen. Auch wenn Dylan den Einsiedler spielte, den Familienvater, vielleicht sogar den zum Banjo jodelnden Farmer, ohne Tournee war kein neuer Dylan zu verkaufen. Und da sich die Geschichte manchmal rächt an jenen, die sie zu gestalten glauben, kamen in jenen ruhigen Jahren nach 1966 die ersten Dylan-Bootlegs heraus. Was er nur mehr vorsichtig dosiert hergab, Brot und Wein von seinem Fleisch und Blut, wurde jetzt illegal in den Warenkreislauf gebracht. Dylan wollte nicht mehr auftreten, sein Erdenwallen war wenigstens vorläufig beendet, so blieben die Jünger zurückgeworfen auf die nächste Nachfolge, das Nachleben in SEinem Geiste. Als Reliquien und Beweis seiner bereits verdämmernden Präsenz waren außer dem halben Dutzend Platten nur die Bootlegs zuhanden, rare Aufnahmen, die man immer weiterhören konnte, auch wenn Bob das Gebäude längst und vielleicht auf ewig verlassen hatte.

New Morning
TOD UND WIEDERGEBURT

Als die legendären Sechziger längst nur mehr Legende waren, lange nach Woodstock und Vietnam, beschrieb Bob Dylan für die Zeitgenossen wie für die Nachgeborenen, wie es damals eigentlich gewesen ist. »Als wäre eine fliegende Untertasse gelandet. Alle hörten davon, doch selber gesehen haben sie nur ganz wenige.« Die Leitfiguren der sechziger Jahre waren die Beatles und Bob Dylan, aber wie sie äußerte er sich nicht zu Vietnam und nahm auch nicht am Woodstock-Festival teil. Die Künstlerkolonie dort hatte sich seit Anfang des Jahrhunderts entwickelt, und dann zogen die Musiker aus New York ebenfalls hierhin. Albert Grossman folgte Peter Yarrow, und schließlich kam auch Bob Dylan dazu. Nach dem Unfall verließ er New York, das er während der vergangenen zwei Jahre kaum gesehen hatte, und verschwand in der Natur. Die sechziger Jahre, Vietnam, Woodstock: alles fand ohne ihn statt. Kein Kommentar zu den Morden an Robert Kennedy und Martin Luther King, kein Song. Der Vietnamkrieg ging vielleicht auch seinetwegen irgendwann zu Ende. Wahrscheinlich sangen die Armeen aus der Nacht beim Marsch auf Washington sogar »Blowin' In The Wind«, aber das war er doch nicht mehr. Schon lange vor den Weihnachtsbombardements hatte er sich vom Genre des J'accuse-Songs losgesagt, erst recht vom eigenen. Präsident Johnson und sein Verteidigungsminister McNamara spielten »body count«, Dylan aber hockte zu Hause herum, machte ein bißchen Musik, ließ die Kinder schreien, ernährte sich gesund, rauchte nicht mehr, trank nur, wenn Freunde zu Besuch kamen. Entzug durch Fürsorge.

Aber man weiß ja doch nichts.

Die Woodstock-Generation, die sich an den bewußten drei Augusttagen 1969 selber feierte, berief sich auf ihn als Vorsänger, Kirchenvater und besonders gleißnerisch aufspielenden Chefideologen, doch das war er nicht und wollte er nicht sein. »Woodstock war nichts, nur

Oben: Vietnam, Nixon, die Morde an Martin Luther King und Robert Kennedy, alles fand ohne ihn statt. Norman Mailer marschierte 1968 nach Washington, Dylan nicht. Aber wer ist schon Mailer, gemessen an Hank Williams?
Unten: Woodstock und drei Tage Liebe, Frieden und Musik, und wieder ohne Bob Dylan. »Woodstock war nichts, nur ein völlig neuer Markt für gebatikte T-Shirts. Es ging um Anziehsachen. Heute beschäftigen sich die gleichen Leute mit Computern.«

ein völlig neuer Markt für gebatikte T-Shirts. Es ging um Anziehsachen. Heute beschäftigen sich die gleichen Leute mit Computern.«[1]
Noch aber sind wir nicht soweit, noch zelebriert sich Dylan in Woodstock als sepiagetönter Farmer. Er läßt sich einen Bart wachsen, bewegt sich viel an der frischen Luft und fährt auch nicht mehr halsbrecherisch auf dem Motorrad herum. Er liest die Bibel. Sie liegt, wenn seiner stolzen Mom zu trauen ist, auf einem zentralen Podest im Haus und wird ständig konsultiert. Er zeugt Kinder wie die Orgelpfeifen und gibt ihnen lauter bibelforscherische Namen: Jesse, Anna, Samuel, Jacob. Er fürchtet sich noch immer vor den Fans, ist jedoch nicht mehr unbedingt so böse wie in der New Yorker Zeit und auf Tour. Wenn es sein muß, erklärt er sich sogar zu einem Interview bereit, sagt dann aber nichts zu Vietnam und Nixon und den Studenten, sagt nichts über die Welt jenseits der Bretterhäuser von Woodstock und erzählt dem Interviewer nur von einem Maurer in der Nachbarschaft. Ist doch schön hier draußen! Ein Maurer ist wichtiger als General Westmoreland und die anderen »masters of war«? Der Mann hat sichtlich mit der Welt abgeschlossen und ist auch noch glücklich dabei.
Dylan ist nicht wiederzuerkennen, singt nun über ländliche Helden, über John Wesley Harding und Judas Priest, betreibt eine seltsame Maskerade mit Vor- und Nachbürgerkriegsromantik, spielt offenbar Western. Und seine Stimme! Sanft ist sie, und der Vortrag gar nicht mehr tuberkulös, sondern melodisch. Manche erkennen ihn erst jetzt wieder. Dylans Stimme, sagt seine Schulfreundin Bonnie Beecher, klingt fast wie damals in Minneapolis, bevor er unbedingt so krächzen wollte wie Woody Guthrie.
Die Bibel liest er nicht bloß, wenn er Namen sucht für seine Kinder; sie liefert ihm neue Verse. Er muß nicht mehr den Jeremias machen, der der Welt ihr nahendes Ende verkündet, aber er schwelgt in alttestamentarischen Bildern und vertraut dem hohen Ton. Der Untergangsprophet wird bukolisch, wird Henry David Thoreau und lebt wie im 19. Jahrhundert in einer Holzhütte. Woody Guthrie stirbt 1967, die Krankheit hat ihn endlich ganz aufgefressen, und Bob Dylan organisiert ein Gedenkkonzert in der New Yorker Carnegie Hall am 20. Januar 1968. Judy Collins ist dabei, Tom Paxton und Arlo

---

1 Gut gesprochen, Bob. Und natürlich machte er dann doch Werbung für Apple.

Carnegie Hall, New York, Januar 1968: Bob Dylan zeigt sich, aber nur kurz, nur für drei Songs, die er, von der Band unterstützt, im Gedenken an Woody Guthrie singt.

Guthrie, der Sohn. Es ist eine würdige, eine rührende Veranstaltung. Zusammen mit der Band spielt Dylan drei Stücke von Guthrie.

Der Vertrag mit Grossman läuft aus; Dylan braucht ihn nicht mehr, fühlt sich von Grossman längst ausgebeutet. Er macht mindere Platten, macht »Nashville Skyline« und »Self Portrait«, angeblich weil er nichts gegen die Bootlegs unternehmen kann, die inzwischen in Umlauf sind. Wenn sie schon technisch schlechte Aufnahmen wollen, dann sollen sie auch gleich noch schlechte Stücke bekommen, die aber autorisiert. Dylan singt »Blue Moon«, schnulzt. Hoffnung: Er freundet sich mit Johnny Cash an, tritt mit ihm im Fernsehen auf. Er überlegt, ob er wieder auf Tournee gehen soll, verliert aber rasch die Lust

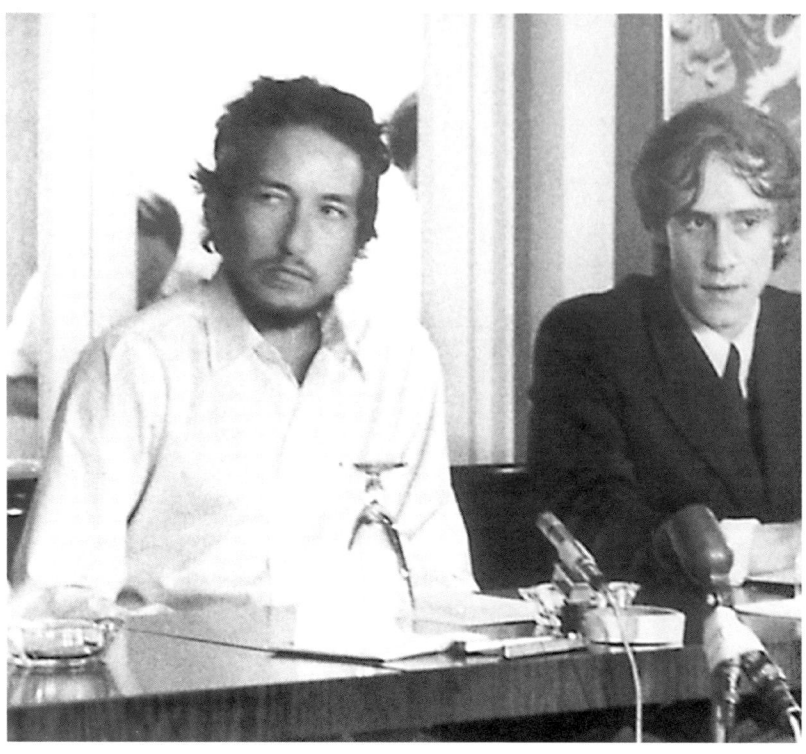

Dylan war leicht zu haben für die Engländer. Sie schickten ihm einen Videofilm und zeigten ihm, wie gemütlich er auf der Isle of Wight wohnen konnte.

an dem Gedanken. Er arbeitet ein paar Wochen an einem Musical, soll Musik schreiben für den Film »Midnight Cowboy«, anschließend für »Easy Rider«.

Woodstock hat er satt, und dann fallen sie auch noch zu Hunderttausenden ein, im Namen des Friedens und der Liebe angeblich. Er zieht nach New York, zurück ins Village, wo ihm prompt leidenschaftliche Fans auflauern und eine »Dylan-Befreiungsarmee« vor seinem Haus Aufstellung nimmt. Wie sonst auch hätte man ihn aus den Fängen des Teufels Heroin befreien können?

Zufällig erreichte ihn da die Einladung aus England. Zwei Brüder hatten einen Amateurfilm über die Insel Wight gedreht, der auch gleich das Haus zeigte, das sie ihm zur Verfügung stellen wollten. Dylan nahm an, um nur ja wegzukommen aus dem Hippierausch. Nach drei Jahren spielte er zum ersten Mal wieder in England, und noch nie war er vor 200.000 Menschen aufgetreten. Wer ihn sah, und sei's aus großer Entfernung, sah eine Erscheinung: einen milden, braungebrannten, leicht bärtigen Jesus. Glücklich war er mit dem Auftritt dennoch nicht und verschob sein Comeback ein weiteres Mal.

»Something is happening and you don't know what it is.«

Aber was könnte es sein? So vieles hatte sich verändert. Auf dem Cover der LP »Sgt. Pepper's Lonely Hearts Club Band« (1967) war auch Bob Dylan unter die stilbildenden Ikonen eingereiht. Aber die Beatles hatten sich inzwischen getrennt. Vier Monate nach dem Friedensfest von Woodstock verlangte es die Rolling Stones nach einer Reprise in Kalifornien, und in Altamont brachten die als Ordnungshüter eingesetzten Hell's Angels einen Zuschauer um. Alle Helden waren tot. David Bowie tauchte auf in England. Die Popmusik war ein großes Geschäft geworden. Bob Dylan aber lebte noch immer im verborgenen.

Was also?

Besonderen Schaden scheint der Sturz vom Motorrad nicht angerichtet zu haben. Erst zwei, drei Jahre später, als die Vakanz sich unabsehbar dehnte und gar nicht mehr aufhören wollte, ging es nicht mehr. Die Muse war fort, das Talent, die Panik, die Paranoia. Bob Dylan las die Bibel, aber da lag kein Segen drauf. Er konnte, wie er mit einemmal merkte, keine Dylan-Songs mehr schreiben. »Eines Tages bin ich gestolpert, und das Licht ging aus. Seit damals plagt mich die Amnesie. Ich brauchte unendlich lange, um das bewußt zu tun, was mir bis dahin unbewußt gelungen war.«

Vielleicht war es ein verzögerter Schock, vielleicht schadete ihm auch das gesunde, ausgeglichene Familienleben, vielleicht ging es ohne Drogen und die Dauerbelastung durch Plattenaufnahmen und Tourneen nicht länger. Dylan schrieb jedenfalls keine Dylan-Songs mehr.

Noch ist es nicht am Tag, aber schon hat sich alles verändert. Als sich Pat Garrett und Billy the Kid noch einigermaßen freundschaftlich und also über früher unterhalten können, geht das so:

Billy the Kid: »How does it feel?«

Pat Garrett: »It feels times have changed.«

Sollte sich auch dieses Wort erfüllt haben?

Der Sohn des Zimmermanns, Jesus von Nazareth, sammelte, als die Zeit gekommen war, Jünger um sich, und er wählte sie aus dem sozio-

BOB DYLAN
at the Isle of Wight

Das Jahr 1969 sah die Geburt vieler Supergruppen; das Gratis-Konzert der Blind Faith und das comeback der Stones waren unvergesslich. Doch der Höhepunkt war zweifels ohne das Bob Dylan-Konzert, das auf der Insel Wight stattfand. Bob Dylan hat nicht nur unzählige Fans, sondern ist auch oft das leuchtende Vorbild vieler Künstler. Verehrt und bewundert wird er von Stars wie Beatles, Stones, Hollies und Stevie Winwood. Kein Wunder, dass am 31. August Fans aus aller Welt gekommen waren, um auf der britischen Insel Wight dieses sensationelle Konzert mitzuerleben. Die Organisatoren, die mit etwa 100.000 Besuchern gerechnet hatten, sahen sich getäuscht. Es trafen etwa 200.000 Zuschauer ein. Sie alle waren gekommen, um den neuen Dylan-Stil zu hören und zu sehen. Mehr als eine Stunde konnten sie von einem neuen Bob Dylan geniessen. Ganz in weiss und meisterlich von „The Band" begleitet, brachte er all seine grossen früheren Erfolge wie „Everything She Needs", „Mr. Tambourine Man", „Maggie's Farm", „Immigrants", „Like A Rolling Stone", „I'll Be Your Baby Tonight", „Let's Go Get Stoned" und „Lay Lady Lay".

NEUER STIL

Der „Neue Bob-Dylan-Stil", so wie ihn die Presse lautstark gekündigt hatte, war in der M nur schwach zu erkennen. waren alle Songs die er bra neu arrangiert, doch die A gements waren weder auf noch revolutionär. Man ko deshalb nicht von einem neuen Stil sprechen. Der n Stil von Dylan ist deshalb nicht in seiner Musik, sonde seiner ganzen Erscheinun suchen. Äusserlich eri nichts mehr an den protesti den jungen Mann vor ein Jahren. Er ist gut gekleide ziemlich kurzes Haar und kleinen Bart Der Bob Dylar Heute protestiert nicht meh will sich nur noch der Musik men und Song schreiben. nicht. Seine frühere Erschei und sein Lebenstil waren „image-building". Ein dergl es Image hat er jetzt aber mehr nötig. Seine Musik ist Image. Dass seine zahll Fans damit zufrieden sind, sen sie auf der Insel Wight lich merken.

Hippies in einem Schaumbad

4

ti Harrison im Gespräch mit Sarah Dylan

Marsha Hunt

h Richard

Jane Fonda und Eheman Roger Vadim

Roger Daltry (WHO)

Françoise Hardy

In der Mitte die Frauen, Patti Harrison und Sara Dylan: »My warehouse eyes, my Arabian drums, / Should I leave them by your gate, / Or, sad-eyed lady, should I wait?« – »musik express«, November 1969.

Lange Haare, Bart (optional), Schlapphut, aber drunter zu erkennen die Besucher des Festivals auf der Insel Wight: Ringo Starr, seine Frau Maureen, John Lennon.

logischen Seinesgleichen: Fischer waren sie im wesentlichen, Kleingewerbetreibende. Sie mußten einem ehrbaren Beruf nachgehen (Ausnahme: der Zolleinnehmer Matthias), und sie mußten diesen ehrbaren Beruf aufgeben, alles stehen- und liegenlassen und ihm nachfolgen, um dann in die Welt hinauszugehen und allen Völkern das Evangelium zu bringen. Bob Dylan kehrt 1973 als ehrbarer Handwerker in die Welt zurück. Einer von uns: Setzer. Als sich am Anfang von Sam Peckinpahs Film »Pat Garrett jagt Billy the Kid« Billy (Kris Kristofferson) aus dem Gefängnis befreien kann, schaut Alias (Bob Dylan) mit interesselosem Wohlgefallen zu. Er trägt die Schürze aus der Bleizeit der Presse, neben ihm ist der Name seiner Zeitung angeschlagen, »Lincoln Bulletin«. Plötzlich gibt dieser Zuschauer seine Zurückhaltung auf. Er wird dem Outlaw nachfolgen und läßt alles stehen und liegen, um mit Billy zu reiten.

Um erneut in die Welt hinauszugehen, wählte Dylan eine konsequente Verkleidung. James Dean war sein frühes Idol, dann kamen Woody Guthrie und die Musik, aber ganz verschwand die Hollywood-Phantasie nie. Die westernmäßig camouflierte Band, später Johnny Cash und der Aufenthalt in Nashville bestätigten ihm, wie solid das amerikanische Grundmuster von Gut und Böse noch funktionierte. Nach einigem Zögern fand er Rudy Wurlitzers Drehbuch »Pat Garrett jagt Billy the Kid« interessant genug, daß er nicht bloß einen Soundtrack dafür schreiben, sondern auch mitspielen wollte. Peckinpah kannte ihn nicht und ließ ihn auf der Gitarre vortragen. Casting wie im alten Hollywood, und Peckinpah danach zu Tränen gerührt.

Dylan war froh, New York wieder verlassen zu können, und flog mit seiner Frau und den Kindern nach Durango in Mexiko, wo sich in dem Staub und Dreck aber niemand wohl fühlte. Sara jammerte, die Kinder wurden krank und der Film nicht fertig. Die Dreharbeiten verliefen katastrophal. Der Regisseur trank und übte sich im Messerwerfen, wobei er sich gern auch seiner Schauspieler bediente. Einmal ruinierte der Darsteller Bob Dylan eine Aufnahme, weil er zusammen mit Harry Dean Stanton mitten in den Sonnenuntergang

»Sgt. Pepper's Lonely
Hearts Club Band«; da, ganz
rechts oben, über Lawrence
von Arabien und rechts von
Karl Marx, das issa.

hineinlief, der gerade gefilmt wurde. Das Budget war sofort überzogen, Peckinpah bekam einen Aufpasser. Er fühlte sich verfolgt, behauptete, Hollywood habe einen Killer auf ihn angesetzt. Gemordet wurde dann der Film; kein anderer Film Peckinpahs wurde so drastisch bearbeitet und umgeschnitten. Keiner ist schöner.

Bob Dylan sah alles, merkte sich alles und bewegte es in seinem Herzen. Er bewunderte den Outlaw Sam Peckinpah, der schließlich schwersten Herzens mit dem Sieger reitet, mit Pat Garrett. Der Kompromiß ist eine Schande, aber unausweichlich. Dylans eigener Film sollte um keinen Preis von Hollywood produziert werden.

»Pat Garrett jagt Billy the Kid«: Würden Sie von diesem Mann (mit mexikanischem Schnurrbart) im Ernst ein gebrauchtes Pferd kaufen?

Nach ihm die Sintflut
SONG AND DANCE MAN

Marianne Faithfull, die schon an viel geglaubt hatte, sogar an Mick Jagger, hielt Bob Dylan kurzfristig sogar für »Gott«. Gott also war herabgestiegen, hatte Wohnung unter den Menschen genommen und ihnen die Frohe Botschaft seiner Musik gebracht. Aber war Gott überhaupt musikalisch? Konnte er Mundharmonika spielen? Gitarre gar? Unwahrscheinlich. Vielleicht war Dylan wenigstens Jesus?

Auch Jesus war gestorben und wieder auferstanden nach drei Tagen. Blasphemiker hatten ihn mit eigenen Augen gesehen, waren ihm auf dem Weg nach Emmaus begegnet oder in der Nähe des Grabes, in dem sie ihn doch noch kurz zuvor bestattet hatten. Und dann, dann befand er sich plötzlich mitten unter ihnen. War er wirklich von den Toten auferstanden?

Es hatte nicht an bedeutenden Vorzeichen gefehlt. Dylan tauchte bei verschiedenen Gelegenheiten wieder auf, sang, unangemeldet, bei einem ziemlich religiösen Ereignis, dem »Concert For Bangla Desh«, das George Harrison am 1. August 1971 im Madison Square Garden ausrichtete. Das Volk jubelte, als er aus dem Dunkel trat. Zwei Engel umgaben ihn, beugten sich vor zu seiner Linken und seiner Rechten und sangen den Refrain mit. War er vielleicht doch der Messias? Ein kleiner wenigstens? Schon war er wieder verschwunden.

Dann lief sein Vertrag mit CBS aus, und der junge Manager David Geffen beeilte sich, den unbetreuten Star für sich und sein Label Asylum zu verpflichten. Eine Tournee wurde mit Geffen und dem Impresario Bill Graham verabredet, und zwar eine richtige, 40 Konzerte in 43 Tagen, mit einem Flugzeug und allem Drum und Dran, eigentlich das, wofür ihn Albert Grossman 1966 eingeplant hatte. Damals hatte er sich davonstehlen können, jetzt wollte er unbedingt auf Tour gehen. Die Band stand bereit, und als Soundcheck und Probe nahmen sie seine neue Platte auf, »Planet Waves«. Wieder die alte Dylan-Technik, nämlich keine, sondern ins Studio, ein Band laufen lassen und loslegen, immer live, immer einmalig, und wenn es nichts wird, verhindert der Toningenieur hoffentlich das Schlimmste.

Von Eheproblemen wurde schon gemunkelt, und wer wollte (alle, fast alle wollten), hörte sie heraus aus den neuen Liedern. Ganz besonders böse Ohren hörten noch mehr als Liebesleid; da war der Gitarrenbauch, der beim »Wedding Song« an den Jackenknöpfen des Sängers

»Concert For Bangla Desh«: Und eine Gestalt trat aus dem Dunkel, gesellte sich zu Leon Russell (rechts) und George Harrison (links) und sang, als wäre sie nie fort gewesen. Ganz links staunt Ringo Starr.

scheuerte. In drei Tagen nahm Dylan »Planet Waves« auf, dumme, kleine Liebeslieder zumeist, also schön. »On A Night Like This« nur zum Beispiel und, als Ankündigung bereits des Spätwerks, zwei Fassungen von »Forever Young«. Hier stehe ich und kann auch anders. Erst singt er das Lied mit mittlerem Pathos, trägt es vor als sein Werk, akustische Gitarre und seine Stimme, dann interpretiert er es, benutzt es als Material, variiert es, als wär's kein Stück mehr von ihm. Bob Dylan ist der beste Interpret seiner Stücke, aber er spielt sie schon, als müßte er sie noch lernen.

Im November 1973 liefen die ersten Gerüchte um, im Dezember wurden die Fans aufgefordert, das Geld für die Eintrittskarten zu schicken, und angeblich gab es 12 bis 15 Millionen Bewerber um die 650.000 Plätze, ganz sicher eine Legende, die der große Stratege Graham selber fabriziert hatte, weil niemand damit rechnete, daß die Tournee wirklich diesen ungeheuren Erfolg haben würde.

1974 war Dylan nun eindeutig einer von gestern, mit der Zeit vergessen. Und die Musik? Wer nichts davon versteht, wird nie begreifen, daß in der Popmusik winzige Unterschiede den ums Ganze ausmachen. Bob Dylan, der in seinen Anfängen jedes Außenseiterklischee

Wer hätte auch je geglaubt, daß 1965 in Newport alles vorbei war? Jeden Tag, den Gott werden läßt, kann Bob Dylan wieder zur akustischen Gitarre zurück und bessere Lieder als Woody Guthrie in seinen besten Zeiten vortragen.

bedient hatte, konnte damit überraschenderweise genug eigene Substanz entwickeln. Er war, obwohl er zu Beginn schamlos kopierte, ein Original. Niemand schrieb bessere Texte (auch wenn sie keiner verstand), und niemand trug sie besser vor (weil sie bei jedem anderen nur gräßlich geklungen hätten). Die wenigen Ausnahmen, die Byrds mit »Mr. Tambourine Man« und Hendrix mit »All Along The Watchtower«, sind nichts als das: Ausnahmen. Die zeitgenössische Popmusik, Anfang der Siebziger, hatte nichts zu bieten. (Nichts. Keine Widerrede.) Die sechziger Jahre, einigermaßen versunken, feierten sich in ihren Überlebenden. In der Zwischenzeit hatten sich die Beatles getrennt, waren Woodstock und Altamont vorübergerauscht und schon nicht mehr wahr; Black Panther gab es und die Weathermen, die sich sogar den Namen bei Dylan geliehen hatten, und nur die Rolling Stones waren sich nicht zu blöd, so weiterzumachen, als wäre gar nichts geschehen. Die Szene, die Erde war wüst und leer; Punk noch zwei, drei Jahre entfernt. Deep Purple und Led Zeppelin wummerten

Andererseits: Hätte er die Musik wirklich aufgeben und nur noch dichten sollen? Seine Geschichte ist seine Geschichte nur in Gitarrenbegleitung.

schwermetallisch durch die Hallen, Orchesterpop erblühte, theatralischer Mist wie von Sweet oder Jethro Tull und diese ganzen britischen Gruppen mit so abscheulichen Namen wie Status Quo, Nazareth, Slade etc. Sogar Elvis, über den die Sechziger wie eine Dampfwalze hinweggezogen waren, konnte ein rauschendes Comeback feiern. Bob Dylans Musik, so sollte sich zeigen, war ebensowenig verbraucht wie die von Elvis.

Und so konnten sich die Sechziger noch einmal feiern, als wäre nicht längst der übelste Katzenjammer ausgebrochen: Marshall McLuhan kam mit auf die Bühne, Jimmy Carter, noch Gouverneur von Georgia, lud den Sänger und seine Band zum Picknick (1976, als er die Nominierung zum Präsidentschaftskandidaten der Demokraten annahm, zitierte er Dylan: »He not busy being born is busy dying«). Michael McClure, einer der Beatpoeten, Sektion Westküste, sank in die Knie, weil er bei der Lichtprobe in Toronto für Bob Dylan am Mikro stehen durfte: »My eyes are wide explosions / in the field of nowhere. / My

Nach ihm die Sintflut. Er ist auferstanden und tourt mit der Band durch Amerika.
Es ist wirklich wahr, und 200.000 Gläubige haben ihn gesehen.

pocket watch burns air / and sprouts golden antlers. / I'm / the standin / for flaming stars; / my heart murmurs ...« Dem Mann brannte
offensichtlich mehr als nur die Taschenuhr. Er hatte nicht bloß den
Erlöser gesehen, er durfte ihn sogar vertreten.

Der Erlöser fand nichts dabei, sich zu verkaufen: »Ich stehe nicht am
Altar, ich stehe auf dem Marktplatz.« Der Markt aber jubelte.

Ein so unglaublich bescheuerter Vers wie der, daß selbst der Präsident
der Vereinigten Staaten gelegentlich nackt dastehe – aus dem Lied
»It's Alright Ma (I'm Only Bleeding)« –, brachte dem Sänger bei jedem Konzert Szenenapplaus. Bill Graham, im Showbewußtsein nicht
so arg weit entfernt von seinem Fastnamensvetter Billy, ließ die Bühne
in Rot, Weiß und Blau tauchen, die Farben der amerikanischen Flag-
ge. Es war sein Volk, genauer gesagt sein Publikum, das Dylan zu-
hörte, und niemand sonst hatte für die Bloßstellung des Präsidenten
gesorgt. Der Vers, geschrieben, als Lyndon B. Johnson noch junge
Amerikaner nach Vietnam schickte, traf jetzt seinen Nachfolger Ri-

Beim letzten Walzer der Band 1976 ist Dylan natürlich dabei. Hier singt er zusammen mit Van Morrison und Robbie Robertson »I Shall Be Released«.

chard Nixon haargenau zwischen die Augen. Dieser verstrickte sich jeden Tag weiter in die selber angerichtete Watergate-Verschwörung, bis das Verfahren zur Amtsenthebung anlief, dem er nur entging, weil er im August 1974 freiwillig zurücktrat. Manchmal ist der Präsident wirklich nackt.

Bob Dylan war wieder da. Er würde noch oft verschwinden und noch öfter wiederkehren in den nächsten Jahrzehnten und schließlich ewig leben, auf einer immerwährenden Tournee, die am 3. Januar 1974 im Chicago Stadium begann. Ein Hutständer war auf die Bühne gepflanzt, ein Sofa, eine Stehlampe, karge Einrichtung. Nur der Künstler im Kreise seiner Musiker. Nur seine Lieder. Natürlich war der Erfolg auch gedreht; Bill Graham bot damals den Beatles gigantische Honorare für einen einmaligen Auftritt (denn, hätten sie dafür zugesagt, hätte er sie zu einer Tounee überredet, einer Platte, einer Fernsehshow etc.), er war der Veranstalter für das Fillmore East und West, und er konnte die Popmusik vermarkten. Dylan hätte aber

ohne den Zufallsmoment niemals diesen rauschenden Erfolg feiern können.

In den Sechzigern war er Anti-Establishment, und entgegen seinen späteren Dementis gibt es sehr deutliche Stellungnahmen zur laufenden Politik von ihm. Seit die Antikriegsbewegung aber das ganze Land erfaßt hat, seit der Präsident als Lügner und Gauner offenbar wird, hat die Jugendbewegung und das bessere Amerika gesiegt. Dylan kann 1974 abrahmen, während die Fans sich ihrerseits in ihrer jugendlichen Leidenschaft bestätigt sehen.

Leider beginnt er auf dieser Tournee auch das Hinausschreien der Songs, verzichtet selbst auf die bescheidene Modulation, die er ihnen sonst zugestanden hatte. Er hat noch nicht resigniert, meint noch nicht, wie er es dann behaupten wird, daß »die Welt genug Dylan-Songs« habe, und findet erstaunlich schnell wieder in die Tournee-Routine, aus der er sich im Sommer 1966 zur eigenen Erleichterung gewaltsam hatte befreien können.

Später wird er sogar sagen, die Tournee sei vom ersten Auftritt an zum Scheitern verdammt gewesen, und er habe »jeden einzelnen Augenblick gehaßt«, aber das war natürlich gelogen. Das Comeback kam so überraschend wie das von Muhammad Ali nach der Sperre oder auch das von Richard Nixon 1968. Dylan wurde offensichtlich nicht bloß von durchgeknallten Dylanologen verehrt, sondern hatte trotz der lange zurückliegenden Aktivistenzeit sein Publikum sogar vergrößern können. »Planet Waves« erreichte als seine erste LP Platz 1 der Hitparade. Fast alle vierzig Konzerte wurden mitgeschnitten, und es erschienen ungefähr ein Dutzend Bootleg-Platten auf dem Markt, den dann »Before The Flood« offiziell bediente. Mit einiger Verzögerung begriff auch die Musikindustrie, was sie an ihm hatte. Dylan verließ Columbia und kehrte zu besseren Konditionen zurück. Er war wirklich und wahrhaftig auferstanden.

»Diese Maschine tötet«, hatte Woody Guthrie auf seine Gitarre geschrieben. Als Dylan die seine einstöpselte, wurde gar manchem angst und bange.

»Blood On The Tracks«
DYLAN MALT SEIN MEISTERWERK

Es gibt verschiedene und immer sehr rätselhafte Ausfälle in der Dylan-Biographie, und zu den merkwürdigsten gehört sein Gang zur Kunst. Im Sommer 1974, vorübergehend getrennt von seiner Frau Sara, hielt er sich überwiegend in New York und dort in Greenwich Village auf. Er hatte schon vorher gekünstelt, seine eher harmlosen Zeichnungen belegen es, das Cover zu »Self Portrait« mit einem ebensolchen, das Cover dann von »Planet Waves«, aber jetzt nahm er Unterricht bei Norman Raeben, der ihm beibringen sollte, »das bewußt zu tun, was ich bisher unbewußt getan hatte«. Man kann auch eine Schreibkrise vermuten.

Dylan rühmte an dem Kunstlehrer, daß er professionell geboxt hatte und Modigliani kannte. Raeben war aber vor allem der 73jährige Sohn des jiddischen Geschichtenerzählers Sholem Aleichem. Allem Vernehmen nach besuchte Dylan den Unterricht fleißig, zwei Monate lang jeweils fünf Tage die Woche, ließ sich ausnahmsweise von den Mädchen dort nicht groß beeindrucken und übertrug, man weiß nicht wie, die Maltechnik auf das Songschreiben für »Blood On The Tracks«. Als er nach zwei Monaten wieder nach Malibu zurückkehrte, war es aus. »Seit diesem Tag hat mich meine Frau nicht mehr verstehen können.«

[Jeder hat seine eigene Dylan-Geschichte; warum hab ich keine? Keiner von uns hatte ihn je live gehört, wann auch? Er war immer da, gemeinfrei eigentlich, aber so was von entrückt. Die frühen Protest-

»Blood On The Tracks«:
»And I was standin' on the side of the road / Rain fallin' on my shoes / Heading out for the East Coast / Lord knows I've paid some dues gettin' through.«

lieder, die Hymnen, die undurchdringlichen Epen, die schnulzigeren Sachen danach wie »Lay Lady Lay« und das unsägliche »Knockin' On Heaven's Door«. Wie jeder Depp »Blowin' In The Wind« auf der Schlaggitarre geschrammt, aber komischerweise habe ich dem »blau-äugigen Sohn« von »A Hard Rain's A-Gonna Fall« über all die Jahre eine stille Liebe bewahrt, dieser unendlichen Litanei des besseren Menschen, der ganz allein gegen die Übel der Welt steht, gegen den Henker und den Umweltvergifter, den Kriegstreiber und den Hun-ger.[1] Aber ist es nicht auch wieder furchtbar komisch, daß diese große, pathetische Hymne mit einem von Dylans schlechtesten Rei-men endet (und er kennt weiß Gott viele schlechte): »Then I stand on the ocean until I'll start sinkin', / But I'll know my song well before I start singin'«? Einmal mehr gelogen natürlich, wenn man an später denkt, als er die Texte grundsätzlich vergißt und deshalb gern Lieder mittendrin abbricht. Also doch wieder sehr selbstironisch in seiner Predigerei.

Und »Pat Garrett jagt Billy the Kid«, wann kam der heraus, oder je-denfalls die kupierte Version, die sich Peckinpah gefallen lassen muß-te? Im Rex war es, große Leinwand und direkt davor, Rasiersitz, auf den billigen Plätzen, Nachmittagsvorstellung, denn abends durften wir doch nicht mehr weg. Auf dem Heimweg schien noch sehr flach und sehr grell die leider nicht mexikanische Sonne, und einer sang, was gesagt werden mußte: »I Shot The Sheriff«. Ein so schöner Film, und Dylan so verloren darin, hieß auch noch Alias, war fistelig syn-chronisiert und sieht heute, wenn man den Film wieder anschaut, grad zwanzigjährig aus, ein stummer Knabe, immer am Schauplatz, unruhig, wachsam, und kann Kris Kristofferson doch nicht retten vor dem schurkischen James Coburn.

Das ganze Jahr 1974 gab es Berichte über Dylans Wiederkehr, über »Planet Waves«, über seine Tournee, sein Live-Album. »Planet Wa-ves« wurde offenbar gleich billig verkauft, und ich konnte hören, was Erwachsene so bewegte. Pablo Neruda fand ich damals gut, »On A Night Like This« konnte ich sogar verstehen und schrieb es mir vom

1 Wenn Rüdiger Vogler und Hanna Schygulla in Wim Wenders' Film »Falsche Bewe-gung« (nach Goethes »Wilhelm Meister«-Romanen) die Fähre über den Main besteigen und Vogler den Harfner ertränken will wegen dessen vermuteten Nazi-Untaten, summen sie je eine Zeile aus »A Hard Rain Is A-Gonna Fall« vor sich hin. Nicht immer die Amis, aber Bob Dylan bestimmt hat unser Unbewußtes kolonisiert.

»Guitars will play your grand finale / Down in some Tularosa alley / Maybe in the Rio Pecos valley«: Kris Kristofferson in »Pat Garrett jagt Billy the Kid«.

Recorder ab, daß da jemand mit den Fingern das Rückgrat runterspaziert. Erwachsene! Soloplatten von den Beatles, enttäuschend meist, nur »Photograph« von Ringo Starr zu ertragen. »Walls And Bridges« von John Lennon und sein Duett mit dem schauerlichen Elton John sogar in der Hitparade. Die Welt wurde schlechter mit jedem Tag und eine Geschmackshölle. Disco in der Disco, dieses ölige Gejaule und »The Bump«. Dann, im Januar 1975, fast gleichzeitig, zwei meiner Lieblingsplatten (bis heute), »Rock 'n' Roll« von John (Dr. Winston O'Boogie) Lennon und »Blood On The Tracks« von Dylan. Verstand man natürlich nichts, schwerstes Englisch und im Singen noch schlimmer verknotet, aber das war er. Und Lennon, ja, »Stand By Me«, die gleiche Arroganz wie der frühere Dylan, aber diese kalte Eleganz, Leder und diese schneidende Stimme, aufgedoktert von Phil Spector, *ouhuustäändbbaimiihii*, ja! Sonst wenig gehört damals, kein Geld für Platten und erst recht nicht für einen Plattenspieler, mitgehört bei anderen, Stücke am Radio und drüber gelesen. Das Buch mit den Songs bei Zweitausendeins; exegetische Exerzitien auf Jahre. Bob Dylan, wo bist du? Aber mehr gab es nicht, damals, mit 16 oder 17. Musik im Kopf gehört (Peter Sarstedt). Ende der unwissenschaftlichen Abschweifung.]

»Blood On The Tracks« war nicht die Tournee, das war ganz anders, ernst, neu, vielleicht sogar Kunst. Erneut Gerede wegen Sara, um die es doch in den Songs gehen sollte, weil er sie nicht mehr leiden konnte oder sie ihn, egal.

»Before The Flood« brachte Dylan Elvis-Format. Erst 1977, als Elvis plötzlich starb, bekannte er sich wieder zum großen Idol seiner Jugend. In der Zwischenzeit war er selber populär und ein Massenphänomen geworden. Das Cover der Doppel-LP zeigt zum ersten Mal die Menge, die sich im Hochhalten von Feuerzeugen selber feiert. Lourdes, mindestens, und wieder eine Stufe weiter zum Himmel.

Im Frühjahr 1975 verbrachte Bob Dylan sechs Wochen in Frankreich bei einem Freund, der malte. Täglich rief er Sara an, bat sie, doch endlich nachzukommen. Vor zehn Jahren war sie ihm gefolgt, diesmal wollte sie nicht. (Ausnahmsweise rächte er sich nicht mit einem Lied an ihr, sondern klagte sogar um sie, als er an die Ferien in Portugal dachte: »Sara, Sara, / It's all so clear, I could never forget, / Sara, Sara, / Lovin' you is the one thing I'll never regret.«) Krise, wieder eine.

»Because something is happening here / But you don't know what it is«: An seinem 34. Geburtstag besucht Dylan ein Landfahrertreffen, und er ist beeindruckt vom alten Zigeunerkönig; daraus wurde der Anfang des neuen Albums und der Song »One More Cup Of Coffee«. Europa, die alte Welt, die noch ältere der Zigeuner, plötzlich in diesem idyllischen oder traurigen Sommer kam es zu einer Erleuchtung, und sie war, wie anders?, wiederum biblisch: »Ich saß vor einem Acker und schaute in die Weingärten. Der Himmel war rosa, die Sonne ging unter, und der Mond war ein Saphir. Ich erinnere mich, wie mich ein Mann mit dem Eselskarren mit in die Stadt nahm. Ich sitze also in diesem Eselskarren, die Straße schüttelt mich hin und her, und blitzartig wird mir klar, daß ich nach Amerika zurück muß (…), weil die Leute inzwischen gar nicht mehr wußten, was ich eigentlich machte.«

Wenn es auch nicht wahr ist, so ist es doch gut erfunden. Mitte Dreißig war er und hatte schon ein ganzes Leben als Superstar und ein halbes als Familienvater hinter sich. Er war hip gewesen in New York, stadtflüchtig in Woodstock und ist dann heimlich nach Malibu gezogen, wo die Reichen vielleicht hausen, aber doch nicht die Hipsters. Nach Comeback und zwei Platten und womöglich wirklich mit der Botschaft des Eselskarrens im Kreuz sammelte er nach seiner Rückkehr im Village menschenfischermäßig Musiker um sich, wenn nicht sogar Jünger. Offenbar hatte er die vage Vorstellung eines herumzigeunernden Troubadours mit großem Gefolge.

Die Botschaft: eine Band, eine Tour.

Vermutlich zeigte sich Dylan in Malibu kurz bei seiner Frau, flog dann aber wieder nach Osten und tauchte in New York ziemlich genau zum Erscheinungstermin der »Basement Tapes« auf. Kommentare dazu sind von ihm kaum überliefert; er wollte die Ausgabe seiner Band gönnen. Längst hatte er andere Ideen. Der Anwalt Richard Solomon hatte ihm die Autobiographie des Boxers Rubin »Hurricane« Carter geschickt, »The Sixteenth Round«. Carter war 1967 in einem eindeutig rassistisch bestimmten Prozeß wegen Raubmords zu lebenslanger Haft verurteilt worden. Die Zeugen der Anklage profitierten vom amerikanischen Gerichtswesen, das heißt, sie bekamen Strafnachlaß dafür, daß sie Carter und dessen Freund Artis bezichtigten.

Carter war ein erfolgreicher Mittelgewichtsboxer, aber er hatte mitten in den sechziger Jahren auch gesagt, daß die Schwarzen in den Ghettos die weißen Polizisten mit Gewalt vertreiben sollten. Muhammad Ali verweigerte damals den Wehrdienst, Malcolm X drohte mit einem Aufstand der Schwarzen, ehe er selber (und womöglich von einer konkurrierenden schwarzen Fraktion) umgebracht wurde. »Hurricane« Carter mußte für dieses wachsende schwarze Selbstbewußtsein büßen. Aber er lernte.

In der Haft hatte sich Carter fortgebildet und seinen Haß genährt; nur daß er inzwischen auch andere Möglichkeiten kannte. Vom Gefängnis aus arbeitete er an seiner Rehabilitierung und baute auf die Erfahrung einer Werbeagentur. Die richtige PR-Arbeit sollte die Öffentlichkeit von seiner Unschuld überzeugen, nachdem es auf dem Gerichtsweg nicht möglich schien. Richard Solomon und der Werbefachmann George Lois taten sich also zusammen und entwarfen die

Muhammad Ali, der ehemalige Cassius Clay, Boxweltmeister, Kriegsdienst-verweigerer, Bürgerrechtler.

Kampagne bis zu den Slogans auf den T-Shirts, die man für Carter zu verkaufen gedachte. Dazu gehörte auch, daß sich Prominente für »Hurricane« verwenden sollten. Und Dylan, der über Hattie Carroll gesungen hatte und über Emmett Till, war der beste Multiplikator.

Zur eigenen Überraschung las Dylan »The Sixteenth Round«, las und hörte nicht mehr auf zu lesen. Er fuhr nach New Jersey, diesmal nicht zu Woody Guthrie, sondern nach Trenton, um »Hurricane« zu besuchen. Bob Dylan unterhielt sich einen ganzen Tag lang mit ihm, machte sich Notizen und erklärte Carter hinterher für einen »geborenen Anführer«. In Greenwich Village traf er Jacques Levy, der schon Songs für Roger McGuinn von den Byrds geschrieben hatte. Levy und Dylan setzten sich zusammen und machten aus dem Stoff ein Drehbuch, einen kleinen Film, der mit Pistolenschüssen in einer Bar beginnt und dann moritatenhaft ankündigt: »Here comes the story of the Hurricane.«

Zum ersten Mal brauchte Dylan Hilfe bei seinen Stücken. Deutlicher konnte die Schreibkrise ja nicht mehr brüllen. Ein Mann vom Broadway, wenn auch Off, igitt. Aber dank Levy sind »Joey«, »Hurricane« und »Durango« richtige Geschichten, nicht bloß aneinanderassoziierte Lautfolgen. [Als die Platte herauskam, fand ich sie kommerziell, geläufig und nicht von Dylan. Schon dieser lächerliche Hut, das Getue mit dem Fandango, das angebliche Spanisch und das mit der einen Tasse Kaffee, na ja. Beim Konzert im New Yorker Madison Square Garden mit Paul Simon, 27. Juli 1999, konnte man für teuer Geld Tassen mit dieser Aufschrift kaufen: »One more cup of coffee«. Darf's a bißl mehr sein? Aber später, später erreichte Dylan ganz einfach nicht mehr das Niveau der Jahre 1973 bis 1975. Vielleicht hat ihn die Tour abgefinisht, die Scheidung, die Unterhaltszahlungen, na und natürlich seine ständigen Konversionen. »Hold on to your seats, gentlemen, it's going to be a rough ride«, wie Bette Davis ankündigte. Doch das war ein anderer Film, und die Sache ist ja hoffentlich noch nicht ganz ausgestanden.]

Die alte Folktradition war endgültig abgewirtschaftet, New York begann gerade den Punk zu erfinden, und Star war ein unendlich mageres Kerlchen, das sich auf Nachfrage auch gern auf Dylan als Vorbild und Meister berief und dem es eines Tages gelang, genau in dem Moment fotografiert zu werden, als Dylan ihm eine Rose überreichte: Patti Smith. Über Wochen ging Dylan jeden Tag in seine alten Clubs, hörte sich an, was gespielt wurde, kam selber als Gastmusiker auf die Bühne, probierte neue Stücke aus. Es war fast so schön wie damals.

Scarlett Rivera, die er angeblich auf der Straße auflas, brachte das wichtigste neue Instrument, die elektrisch verstärkte Geige. Das war der Zigeunerton, der ihm vorschwebte, und für einen Teil der Stücke funktionierte er auch. Ansonsten: Frauen, Frauen und ganz viele Gitarren. Es sollte zigeunern. Frankreich, Weinberge und eine Botschaft für Amerika.

Larry Sloman hat in seinem Bericht »On The Road With Bob Dylan« geschildert, wie Dylan plötzlich von einer wiedererwachten Liebe zum Village befallen wird. Sie mögen ihn hassen, weil er ihre Grundsätze verraten, vor allem aber, weil er es zu etwas gebracht hat, aber sie sind doch alle geschmeichelt, weil er sich zu ihnen herabläßt, sogar mit seinem alten Feind, dem nur mehr trinkenden Phil Ochs, im Duett singt. Der heilige Bob, der so lang entrückt war, ist wieder zu ihnen herabgestiegen, und er hat auch – seht her! – »die Sache« nicht ganz vergessen. Dylan, stolz, selbstbewußt: »Neunzig Tage, und ›Hurricane‹ Carter ist frei.« – »Neunzig Tage nach dem Erscheinen der Platte?« fragt Larry Sloman nach. »Nach Erscheinen der Platte«, bestätigt der Menschenrechtsanwalt. Am 14. Juli ging Bob Dylan zum ersten Mal ins Studio, nach fünf weiteren Tagen hatte er endlich das richtige Arrangement für »Hurricane« gefunden. Dylan schickte seinem Helden eine Probepressung, die Platte war bereits zur Veröffentlichung vorgesehen, als ein Anwalt den Text prüfte und feststellte, daß die Namen zweier Augenzeugen verwechselt waren. Statt die Zeile einfach im Studio zu ändern, bestellte Dylan noch mal das ganze Personal ein und nahm den Song in einer quälend langen Session am 24. Oktober neu auf. Am Ende mußte der Toningenieur Don Devito doch zwei, drei Fassungen zusammenschneiden.

Egal. Zur Single umformatiert, wurde »Hurricane« sogar vergleichsweise erfolgreich und der Schlager der Rolling Thunder Revue. Bei Abschluß der Tour besuchte Bob Dylan Carter noch mal im Gefängnis, ein Konzert sollte in Trenton veranstaltet werden, Muhammad Ali war dabei und Roberta Flack. Diesmal sollten die Kameras alles für den kommenden Film aufnehmen. Damit es möglichst dramatisch aussah und weil sich Carter im Gefängnis leider frei bewegen konnte, stellte man ihn und den prominenten Besucher, wieder so eine gute PR-Idee von George Lois, vor und hinter einen Metallvorhang, wie er zum Beispiel in einer Kantine nach der Essenausgabe herunterfällt. Die beiden berührten sich sogar mit den Fingern. Unter dem Foto, das im Klatschmagazin »People« erschien, stand dann: »Brückenschlagen am Gefängnistor in New Jersey: Rubin ›Hurricane‹ Carter, drinnen, und Bob Dylan, draußen, plaudern vor dem Beginn der Show.« Aber gut, Reklame eben, für Dylan wie für »Hurricane«. Und wenn es der Sache dient …

Am folgenden 20. März, nicht drei, aber doch vier Monate nach der Veröffentlichung von Dylans Platte, wurde Rubin Carter vorläufig freigelassen. Im Wiederaufnahmeverfahren sprach man ihn allerdings noch im Dezember 1976 erneut schuldig, und er mußte wieder zurück

Rolling Thunder Revue, 1975: »The only thing I knew how to do / Was to keep on keepin' on like a bird that flew.«

ins Gefängnis. Carter kam erst 1988 frei, aus Mangel an Beweisen für seine Schuld. Und in der Zwischenzeit klagte noch eine Frau, deren Name ebenfalls in »Hurricane« vorkommt, gegen den Sänger, aber der Richter ließ die Klage nicht zu. Dylan hatte schon lange das Interesse an der Geschichte verloren.

Der Regisseur Norman Jewison hat neulich einen superlächerlichen Film draus gemacht, aber das Lied, wenn es endlich hereinbricht mit plötzlich aufgedrehtem Regler, mit Scarlett Riveras Fiedel, diesem überdeterminierten Orchester, den vielen Stimmen, Agitprop a cappella, es zieht immer noch. Dylan ist, wenn er will oder dazu gezwungen wird, sogar ein besonders guter Sänger.

Wenn er schon nicht selber von den Himmeln ist, so kam hier wenigstens die Inspiration von ganz oben: Angeblich saß Dylan vor seinem Haus auf der Bank, als er über sich ein Gewitter kommen hörte, und daraus wurde der Name der Tournee: Rolling Thunder Revue. Später stellte sich auch noch ein Indianerhäuptling ein, der zufällig genauso hieß und deshalb gar nicht anders konnte, als der Tournee seinen Segen zu geben. Außerdem hatte Lyndon B. Johnson, der einst so prominent nackt dastehen mußte, seine Bomber unter diesem Tarnbegriff nach Nordvietnam geschickt, während Bob Dylan als bodenständiger Landmann nach oben sah und einen Wetterumschlag erwartete. Die sechziger Jahre sollten einfach nicht zu Ende gehen dürfen.[2]

Dylans Koautor Jacques Levy kümmerte sich um die Bühne, denn inszeniert sollte die Show bei aller gewünschten Spontaneität doch sein. Sie war vor allem sehr künstlich. Neben dem Indianer sorgte die Präsenz von Allen (»Gott«) Ginsberg für den spirituellen Überbau. Ginsberg war schon bei den Proben in New York dabei und wurde dann als Bordkaplan mit auf Tour genommen. So theatralisch das ganze Unternehmen war, so überbesetzt und grundunmusikalisch und großmannssüchtig, eine bewegende Szene gab es doch, als sich Bob Dylan und Allen Ginsberg am Grab von Jack Kerouac in Lowell in Massachusetts zu einer verspäteten Totenwache trafen. Ginsberg hatte Kerouacs »Mexico City Blues« dabei, Dylan las ein Gedicht daraus, Ginsberg ommte etwas vom Totenschädel des alten Jack, der ihnen von oben aus zusehe, Dylan griff in Ginsbergs Harmonium,

---

2 Und Dylan scheint einen gut Teil davon verschlafen zu haben.

Allen Ginsberg sagte ein Gedicht auf, Bob Dylan strich leis über die Saiten, und von oben sah der Geist von Jack Kerouac wohlgefällig herab auf das buntscheckige Treiben.

improvisierte dann ein wenig auf der Gitarre, während ein großes Ahornblatt herabsegelte, Ginsberg ommte noch was, Dylan brummte, klimperte und wurde als Beat e. h. in den Kreis der Avantgarde aufgenommen. (Der lebende Kerouac hätte ihn vielleicht als Juden beschimpft und als Schwuchtel und als Pazifisten und Negerfreund sowieso, doch das ist eine andere Geschichte.)

Allen Ginsberg schrieb auch den Text fürs Plattencover von »Desire«, delirierte wie üblich und denkbar fern von jedem Verstand für Popmusik, aber er entdeckte eine eigentümliche Qualität in Dylans Gesang, die er der Einfachheit halber als »semitischen Modus« bezeichnete. »Seine Stimme erhebt sich in hebräischer Rezitation, unerhört bis dahin in einem US-Song; uraltes Blut singt.« Seine »langvokalische Stimme«, so jauchzt und frohlockt der niemals neidische Dichter weiter, »triumphiert in heroischer Ekstase«. Ginsberg spricht von einem »hebräischen offenen Aaah« und nennt den Refrain von »Sara« sogar »jiddisch«. Abgefedert von der aufdringlichen elektrischen Geige und dem manchmal nur schwer erträglichen Chor, hat Dylan keine Schwierigkeiten, den Ton zu halten und nach Laune in die Länge zu ziehen.

Rolling Thunder sollte eine Art Wanderbühne sein und wurde auf jeden Fall ein ziemlicher Zirkus. Ein nostalgisches Unternehmen eines berühmten Mannes, der für solchen Untergrundchic eigentlich schon zu alt und vor allem zu reich war. Vielleicht war ein sentimentales Moment dabei, denn hatte er seine Umgebung, seine »peers« im Village, nicht sehr schnell hinter sich gelassen und sich dann zurückgezogen? Die Bosse bei der Columbia lehnten jede Unterstützung des Projekts ab, das gab Dylan noch mehr Schwung als die gewünschte Anschubfinanzierung. 1967 war Ken Kesey mit den Merry Pranksters an der Westküste entlanggefahren und dann weiter nach Osten. Auch diese Tour, von Tom Wolfe unvergeßlich geschildert im »Kool-Aid Acid-Test« (1968), hatte als Rückversicherung einen Helden der vorigen Generation; Neal Cassady saß eine Zeitlang am Steuer des legendären Busses »Further«. Schon die Beatles hatten sich davon inspirieren lassen, waren ihrerseits in einen bunt angemalten Bus gestiegen, ließen die Kameras laufen und scheiterten mit ihrer »Magical Mystery Tour« auf ganzer Linie. Vielleicht ist das Zigeunertreffen in Frankreich schuld gewesen, vielleicht wollte Dylan noch mal die Seinen um sich scharen, er stürzte sich jedenfalls so begeistert wie unberaten in dieses Abenteuer. Gleichzeitig sollte – very Beatles und natürlich Woodstock noch mal – ein Film gedreht werden. Die geplanten Konzerte würden auch wieder Platten abwerfen, neue Musik, neue Gemeinschaft. Sogar von einer Zeitung war die Rede, die Dylan und seine Entourage herausbringen wollten.

Es lief dann darauf hinaus, daß Dylan sich fast ruinierte mit der Tournee und dem Film.

Bereitwillig schloß sich Joan Baez dem Unternehmen an. Sie sagte eine eigene Tournee ab und hoffte wohl auf den wiedererwachten Geist der sechziger Jahre. Die Kampagne für Rubin Carter schien es zumindest zu bestätigen.

Gerechter noch als diese gerechte Sache war der Kampf gegen das Establishment. Die Musikfirma wollte nicht mitmachen? Dann erst recht! Alle erklärten Dylans Karawane für ein Projekt des fortgeschrittenen Irrsinns? Aber dann mußte es doch richtig sein! In drei Bussen (einer von Frank Zappa geliehen) und mehreren Autos ging es am Morgen nach der letzten »Hurricane«-Aufnahme von New York zuerst nach Plymouth, wo im War Memorial Auditorium am 30. Oktober vor 1.800 Zuschauern (der Saal natürlich ausverkauft) die Premiere stattfand. Dylan sang »When I Paint My Masterpiece« und hatte sich jedenfalls das Gesicht dick weiß angemalt (angeblich, weil das jetzt in England, wie ihm Rob Stoner erzählt hatte, immer mehr Leute machten), darüber trug er eine Richard-Nixon-Maske. Es konnte also gar nicht schiefgehen. Es war nur zuviel und zu gut oder zu großartig gemeint. Durch Massachusetts, über Boston und Newport hinauf nach Kanada. Ronee Blakley war dabei, die als hysterische Country-sängerin in Robert Altmans Film »Nashville« aufgefallen war (und später für kurze Zeit Mrs. Wenders wurde); Joan Baez; Rambling Jack Elliott aus der Frühzeit im Village; Bob Neuwirth kannte er fast ebenso lang; Lou Kemp, mit dem er einmal im Herzl-Jugendlager war, und der den Tourmanager machte; schließlich Mick Ronson mit seiner Band. Patti Smith wollte nicht ohne die ihre auf Tournee gehen; außerdem kam sie grade selber groß raus. Aus Kalifornien reiste Sara mit einigen ihrer fünf Kinder an; auch sie wurde neben Ronee Blakley und Joan Baez in dem Film plaziert. Joan Baez brachte Mutter und Sohn mit, und selbst Dylans Mutter Beattie bekam einen Auftritt, durfte bei »This Land Is Your Land«, der großen Guthrie-Hymne, mitsingen. Es muß eine Riesenparty gewesen sein.

Die Karawane zog weiter über die Dörfer und Städte, die Musik aber blieb zurück. Anders als sonst wurden Journalisten zugelassen, durften mehr als einen Blick in die Motels, in denen man übernachtete, und hinter die College-Bühnen tun, auf denen man ursprünglich vor allem spielen wollte. Mitte November 1975 kam »Hurricane« als Single heraus. Wegen juristischer Bedenken verzögerte sich wieder

»When I Paint My Masterpiece«, sang Bob Dylan auf der Tournee, und wirklich hatte er sich das Gesicht so grell geschminkt wie sonst nur David Bowie.

einmal das Erscheinen der LP. »Desire« stand erst in den Läden, als der nordöstliche Teil der Tournee längst vorbei war; die Zuschauer hörten lauter unbekannte Stücke. Die ersten Berichte waren enthusiastisch – Dylan ist wieder da, mit neuer Band, neuem Material und jeder Menge Gaststars. Er spielt nicht in Hallen, sondern sucht bewußt kleinere Auftritte; er möchte das wie immer unbekannte Volk erreichen. Aber die Konzerte wurden größer, die Kosten wohl auch, und der Film, mit dem man alles aufzufangen hoffte, wuchs Rolle um Rolle, ohne daß jemand wußte, worum es eigentlich gehen sollte. Die Tour irrte die Ostküste entlang bis Toronto und Montreal. Leonard Cohen hatte einen Gastauftritt, Kinky Friedman kam aus Texas dazu, Joni Mitchell sang mit und verteilte ihre neueste Platte in der Garderobe. Tourneealltag. Helena Kallianiotes wurde geholt, um wenigstens nachträglich ein Drehbuch zu erfinden; schließlich sollte es der damals noch kaum bekannte Dramatiker Sam Shepard richten.

Vielleicht war er ja ein Ausbeuter, aber Albert Grossman fehlte jetzt. Das Chaos kam nicht billig: Buch, Zeitung, Platten und vor allem ein Film, das komplette Ken-Kesey-Programm. Dylan war zwar überzeugt, daß Howard Alk den Film über die England-Tournee von 1966 gründlich versaubeutelt hatte, aber jetzt sollte auch er dem überforderten Meister bei »Renaldo And Clara« assistieren.

»Renaldo And Clara« gehört, ähnlich wie Dennis Hoppers »The Last Movie«, zu den großen Dokumenten für Größenwahn. Ein Mystagem aus »East meets West«-Gesumm, spätberufenem »On The Road«-Delirium, Nostalgie, Kunstwollen. Statt der B-Pictures, als die »Joey« und »Hurricane« geschrieben waren, nun ein richtiger Kunstfilm in Cinemascope, keine Schnitte, mysteriöse Begegnungen, eine nicht einmal zu ahnende Geschichte, die aber von raumfüllender Langeweile; Wenders praktisch. Die Konzertausschnitte, die man dann zu sehen bekam, zeigten nicht mehr als die allseitige Überforderung. Dylan sollte jeden Abend singen und spielen, verstand sich gleichzeitig als Regisseur des Films und war auch noch sein eigener Produzent. Nebenher wollte er sich wenigstens vorübergehend mit seiner Frau aussöhnen. »I gave her my heart, but she wanted my soul.« Es war zuviel.

Als sie nach New York zurückkehren, ist der Sänger stockheiser und erschöpft. Rubin Carter platzt fast vor Egomanie, als ihm zu Ehren in seinem Gefängnis ein Konzert stattfindet und am nächsten Tag noch

»Desire«: »Isis und der Mond scheinen auf mich herab. Wenn Rubin aus dem Zuchthaus kommt, feiern wir auf dem historischen Parkplatz im sonnenverbrannten Kalifornien ...«

das Benefizkonzert im Madison Square Garden; es ist der 8. Dezember und der 31. Auftritt in 39 Tagen. »Someday gonna be beautiful / When I paint that masterpiece.« Dylan schreit wieder, er läßt sich zufiedeln von Scarlett Rivera, die Gitarristen suchen hilflos einzufallen; mit Robbie Robertson spielt er »It Takes A Lot To Laugh, It Takes A Train To Cry«. Als er »Isis« anstimmt, am 8. Dezember noch immer völlig unbekannt, zersingt er es bereits, es wird zwischen Dylans Erschöpfung, der Geige und dem Hintergrundchor völlig zerklustert. Nach der Pause duettiert er mit Joan Baez, die man auf der Aufnahme klar hören kann (anders als ihn), aber es macht ihm erkennbar Spaß, sie immer wieder auflaufen zu lassen. Von der Energie, von der elementaren Kraft, die die Tour einmal haben sollte, herabgefleht bei verschiedenen halbernsten Zeremonien, war nichts mehr geblieben – oder nur ein asthmatisches All-Star-Selbstfeiern bei »This Land Is Your Land«.

Die Show war aber längst nicht zu Ende; nach einer kurzen Winterpause ging es in die Südstaaten und weiter nach Westen. Dylan, der vor Beginn in New York noch behauptet hatte: »Das Touren liegt mir im Blut«, war vollkommen erschöpft.

Und warum hörte er nicht auf?

Weil es in seinem Blut liegt?

[Nach den Sommerferien 1976 brachte mein Nachbar in der Schule einen »TV Guide« aus den USA mit; Bob Dylan auf dem Cover. Mein Nachbar verachtete Dylan ja eher und fand jemanden mit ordentlichem Vortrag wie beispielsweise Reinhard Mey gut, und das sei doch was für mich, aber es war ein seltsames Porträt: Kalifornien, Strand, Sonnenuntergang, Dylan um den grammatisch korrekten Ausdruck bemüht, »denn es könnte ja meine Mutter lesen«. Aber ich las es doch auch, und ich verstand das nicht. Dylan war noch der nie gehörte Held aus den Sechzigern, aktiv lange vor unserer Zeit, gleichzeitig mit den Beatles und den Rolling Stones, die Lieder aber durch seinen Rückzug konserviert, unzerstörbar, unsterblich. Wir hatten ihn nachgelernt, aber wenig Neues erfahren. Hatte er sich denn in den Fallstricken des schnödesten Kommerzes verfangen, daß er ausgerechnet einer *Fernsehzeitschrift* ein Interview geben mußte? Es ging um das TV-Special »Hard Rain«, das eher furchtbar war. »Renaldo And Clara« und die Rolling Thunder Revue hatten ihn wohl viel Geld ge-

»Renaldo And Clara«: Der Film war auch eine nostalgische Reise, an der Joan Baez (links) gern teilnahm. Die Fahrt begann in Plymouth und endete im italienischen 13. Jahrhundert.

kostet. Zwei Jahre später war er endlich und zum ersten Mal als Musiker in Deutschland (einmal zuvor war er privat in Berlin gewesen, deshalb wohl kommt Ostberlin in einem seiner Texte vor), und ich war grade in Amerika. Es soll ihm ein besonderer Genuß gewesen sein, in Nürnberg auf dem Reichsparteitagsgelände aufzutreten, der *fuehrer* und alles. War kurz vor der Bekehrung. Hätte ihn gern gesehen.]

»Renaldo And Clara« kam erst 1978 ins Kino, zunächst noch vier Stunden lang, dann auf die Hälfte gekürzt. Es war, wenn man Dylans eigenen Aussagen folgt, genau jenes Meisterwerk, das er immer malen wollte: Robert Graves, also die weiße, die dreifache Göttin; der belagerte Star; die Versuchungen der Welt, Mystik, Erotik und die Erlösung so fern, das volle Programm – – – und natürlich ein gigantischer Reinfall.[3] Pauline Kael, die doch einmal das junge Hollywood propagiert hatte, reagierte im »New Yorker« mit allem möglichen Unverständnis auf den Film, der bewußt gegen die Studios entstanden war. Dennoch hat sie »Renaldo And Clara« begriffen und Dylan: »Er hat mehr Nahaufnahmen, als je einem Schauspieler in der Kinogeschichte zugestanden wurden. Er überwältigt uns mit seiner Präsenz, ohne je mit uns in Kontakt zu kommen. Wir sollen in das Mysterium seiner Unerreichbarkeit eingeführt werden.« – »You are invisible now ...« [An einem Sonntagmorgen habe ich »Renaldo And Clara« im riesigen Arri in München gesehen. Das Kino war so groß und so leer, daß man unweigerlich fror. Kaum mehr eine Erinnerung daran, nur Joan Baez in Weiß mit Federboa; mysteriöse Gestalten, die durch Hallen schlurfen; wenig Musik; viel Brimborium. Gut möglich, daß ich »Renaldo And Clara« inzwischen mit Syberbergs »Parsifal« verwechsle, der etwas später ebenfalls an einem kalten Sonntagmorgen im Arri lief. Der Regisseur saß draußen mit einer bestimmt schon kalten Tasse Kaffee und kontrollierte, wer vor Ablauf der vier Stunden aus dem Saal ging. Aber wahrscheinlich trügt selbst diese Erinnerung, und mir wäre lieber gewesen, draußen vor dem Arri-Saal hätte Bob Dylan gewartet.]

Nur wenige Monate vorher war ein anderer Film ins Kino gekommen, auch mit Dylan und seiner Musik, aber mit einem Regisseur, der sich wenigstens auf Schneiden verstand: »The Last Waltz«. Ein Jahr nach seiner Herbsttournee durch die Neuenglandstaaten gab Dylans langjährige Begleitband, die ihm 1974 zu seinem Comeback verholfen hatte, ihr Abschiedskonzert. Martin Scorsese drehte unendliches Material und sammelte, was sich eingefunden hatte: Neil Diamond, Ron Wood, Ringo Starr, Keith Moon, Neil Young, Ronnie Hawkins, Eric Clapton, Muddy Waters; Frauen auch. [New York war unerträglich, als ich zum ersten Mal hinkam. Es regnete tagelang, ich verstand kein Wort und traute mich schließlich überhaupt nicht mehr aus dem Hotel. Einmal kam im Fernsehen Franz Beckenbauer, damals als Star im Austrag bei Cosmos New York. Er wurde von einem einheimischen Reporter interviewt, und sein Englisch war so herzzer-

---

3 Ich versteck's lieber in einer Fußnote, aber verlorengehen soll es nicht, was Dave Henderson mit logisch steifer Oberlippe meldet: »Es heißt, daß es dem Mitarbeiter Allen Ginsberg bei dem Film vor allem darum ging, mit Dylan zu schlafen. Gott sei Dank gibt es bisher keinen filmischen Beweis dafür.«

reißend schlecht, sein Bayrisch dahinter so lebhaft, daß mir selbst Beckenbauer zum Trost wurde in der fremden Stadt. Es machten mir dann die eigenen Sprachschwierigkeiten nicht mehr soviel aus, und ich traute mich sogar wieder auf die Straße.

Einmal und wie immer bin ich schutzsuchend in ein Kino geflohen. Natürlich war es »The Last Waltz«. Der Mann neben mir bedeutete mir, daß ich einen guten Tag für den Kinobesuch gewählt hätte, weil heute nämlich Bob Dylans Geburtstag sei (da war er also, wenn ich richtig rechne, 37); daraufhin gebot er mir Schweigen. Gehorsam schaue ich hoch zur Leinwand. Die Titel laufen, und rotrotrot wird eingeblendet: »This Film Should Be Played Loud!«, eine Anspielung auf die analoge Aufforderung, die die Rolling Stones 1969 auf die Innenhülle von »Let It Bleed« geschrieben hatten. Bob Dylan trägt wieder den weißen, großen Blumen-und-Früchte-Hut aus der Rolling Thunder Revue und sieht zigeunerhafter aus denn je. Er singt, was natürlich wieder gelogen war, er singt »Forever Young«: »May your hands always be busy / May your feet always be swift / May you have a strong foundation / When the winds of changes shift.« Während ich das aufschreibe, läuft naturgemäß die Platte dazu, und Bob Dylan singt sich die Seele aus dem Leib. Für seinen Sohn hat er das Stück angeblich geschrieben, aber zum Glück sofort zur Enteignung freigegeben.⁴ Zwei Lieder weiter sammeln sich alle Stars des Abends, um Dylan bei »I Shall Be Released« zu begleiten – schlichte Verse, großes Lied. In diesem Song hatte die amerikanische Bürgerrechtsbewegung in den sechziger Jahren ihren Protest und ihre Hoffnung formuliert. Während draußen Manhattan zumindest und vielleicht die ganze Welt in einem großen Regen ertrank, stellte sich hier bei dieser Musik in diesem Kino am Times Square ein Heimatgefühl ein. Auf der Leinwand waren viele meiner Kirchenlehrer versammelt. Sie waren mein Amerika und amerikanischer als das ganze New York. Sie alle wußten, daß an jenem Abend nicht nur die Band ihre Abschiedsvorstellung gab.]

Es war ein letztes Familienfest der Sechziger. Die Helden waren in die mittleren Jahre gekommen und reich geworden – und zu viele, als

---

4 Glück ist so eine Sache. Eine überaus erfolgreiche Ratgeberreihe heißt tatsächlich »Forever Young«. In mehreren Bänden mit wohlklingenden Titeln wie »Das Leicht-Lauf-Programm« kann man, wenn schon nicht Bob Dylan, so doch Joschka Fischer nachfolgen.

daß sie nicht gewußt hätten, wie sehr sie statt der Band sich und ihre inzwischen vergangene Zeit feierten. Jahrelang standen sie für Protest und Anti und ein Minderheitenprogramm, und doch hatten sie mitgeholfen, den Musikmarkt enorm auszuweiten. »Blowin' In The Wind« singt nicht nur Marlene Dietrich und jeder Straßenmusikant, es dudelt längst aus jedem Lautsprecher in jedem Kaufhaus. Die Musik war durchgesetzt, Jimmy Carter neuer amerikanischer Präsident, es war vorbei. Oder wie es das alte Buch formuliert (Joh 19,30): Es war vollbracht.

Glaubensgewißheiten und andere Irrfahrten

HE NOT BUSY BEING BORN
IS BUSY DYING

Es ist kein Spaß, seinen Helden auf dem Weg nach unten zu begleiten. Nach oben soll der mehr oder weniger geheimnisvolle Weg führen, vielleicht sogar ins Reich der Edelmenschen und in jedem Fall aus den bescheidenen Anfängen zu Ruhm und Reichtum und allem anderen Heldenmäßigen. Nur ein besonders gewiefter Dialektiker wird zu der merkwürdigen Einsicht gelangen, es gebe keinen größeren Erfolg als das Scheitern (um das im nächsten Vers schon wieder zu falsifizieren: aber natürlich sei Scheitern alles andre als ein Erfolg). Wenn ich hier eine kleine Arbeitshypothese vorstellen darf, dann war unser gewitzter Syllogist – und es kann sich naturgemäß nur um Bob Dylan handeln – von seinem raschen Erfolg zwischen 1962 und 1963 selber so überrascht, daß er genau diesen immer angestrebten Erfolg wieder zerstören mußte. 1963 ist er der Star beim Newport Festival, marschiert als Bannerträger der Bürgerrechtsbewegung mit Martin Luther King nach Washington und ruiniert im gleichen Dezember beinah alles, als er genau jene ehrenwerte Gesellschaft attackiert, die ihn für seine politischen Verdienste auszeichnet. Der Heilsbringer hat jedenfalls kein großartiges Sendungsbewußtsein, elektrifiziert lieber die bis dahin in einer künstlichen Naivität eingesargte Folkmusik, seine zumindest, und erzürnt 1965, wieder in Newport, die Puristen und erst recht seine Anhänger. In England, im Jahr drauf, fängt sich der gewesene Messias dafür den eher literarischen Kosenamen »Judas« ein, und viel fehlte nicht, daß man ihn mit Schimpf und Schande aus der Stadt gejagt hätte. Schließlich der überbewertete, der fast schon literarische Sturz vom Motorrad, Folge von allerlei Mißbrauch chemischer Substanzen und selbstmörderischer Fahrerei. Der Mann haderte mit sich, der gönnte sich den Ruhm gar nicht. Was wollte er eigentlich?

Und dann das gleiche noch mal; katastrophil. Ein ganz und gar unwahrscheinliches Comeback im Januar 1974 nach siebeneinhalb Jahren, von Gerüchten allenfalls begünstigt und natürlich von seiner Entrückung. Erfolg auf Erfolg, aber von Anfang an, behauptet er später, Widerwillen, das Gefühl des Scheiterns. Er scheitert jedoch nicht, sondern wird gefeiert im ganzen Land wie in seinen besten Tagen nicht. Im Jahr drauf will er wieder auf Tournee gehen, neue Lieder spielen, die Freilassung Rubin Carters erzwingen, aber die Platte ist so schlampig aufgenommen, daß sie erst mit Verspätung erscheinen kann. Nicht mal diese sagenhafte Unprofessionalität kann den Erfolg verhindern; Bob Dylan ist jetzt ein Geschäft.

In England, ja, da war er schon 1965 ein Star. Seine Platten standen in der LP-Hitparade zwischen den Beatles und den Rolling Stones und ganz oben. Beide Bands waren zu ihm gepilgert, denn Bob Dylan war amerikanisch und zugleich Avantgarde. Zu Hause hatte er es nie zum Popstar gebracht, und schon gar nicht in die Nähe von Elvis. Jetzt klappte es doch. »Planet Waves«, »Blood On The Tracks« und »Desire« erreichten alle drei Spitzenplätze.

Der Herbst in Neuengland war ein Triumphzug gewesen, Landstraße, Zirkus, alles, nur diesmal ein richtiges amerikanisches Abenteuer und nicht mehr die Kinderei von 1964. Daheim stand es nicht besonders, Bob Dylan beschloß also, die Tournee nach mehrmonatiger Pause im Frühjahr 1976 fortzusetzen. Der etwas weltfremde Plan vom vorigen Spätsommer, in möglichst kleinen Sälen, aber dafür an möglichst vielen Orten aufzutreten und auch dort die Frohe Botschaft zu verbreiten, war längst aufgegeben. Schon weil die Truppe so zahlreich geworden war und jeder einmal auf die Bühne sollte, brauchte man große Hallen; außerdem mußte im texanischen Houston ein weiteres Benefizkonzert für Rubin Carter stattfinden. Dylans frischer Ruhm brachte ihm Fernsehangebote, es wurde ein Konzertfilm mit NBC vereinbart, und dann wollten auch noch die Südstaaten bedacht werden bei der großen Missionierungsreise.

Es wurde endlich die erwartete Katastrophe.

Am 9. April 1976 erhängte sich der Folkmusiker Phil Ochs in New York. Als Dylan sich zum Strom weiterentwickelte und keine Lust mehr hatte, einer diffusen Bewegung als Vorsänger zu dienen, bauten die Traditionalisten auf Ochs. Seit vielen Jahren verband die beiden deshalb eine innige Feindschaft. Auf Drängen von Phil Ochs war Bob Dylan 1974 bei einem Benefizkonzert für Chile aufgetreten und hatte sich völlig betrunken durchgelallt. Vorsichtig näherten sie sich wieder an, und Ochs hätte gern bei der Rolling Thunder Revue mitgemacht. Dylan wollte ihn dann lieber nicht dabei haben; zu riskant.

Jetzt trauerte er doch um den Konkurrenten. Bob Dylan betrank sich und verschwand für mehrere Tage. Als er wieder auftauchte, war er hochgradig depressiv und die Tournee erledigt. Er blieb zwar da, stieg aber aus der Show aus. Ein Tontechniker hatte Gelegenheit, zum ersten Mal den automatischen Dylan zu beobachten, der als sein eigener Wiedergänger durch die nächsten Jahre und Jahrzehnte geistern sollte: »Es war seltsam. Bob kam immer zu spät zu den Proben, redete mit keinem einzigen Bandmitglied und fing einfach einen Song an. Der Bandleader Rob Stoner verstand ihn trotzdem. Er schaute auf Dylans Fuß, beobachtete seine Hacken, wartete auf die erste Note, bis er wußte, welche Tonart angebracht war, und der Rest der Band richtete sich dann nach ihm.«

Der Kartenvorverkauf lief schleppend bis miserabel, Termine mußten zusammengelegt oder gleich ganz gestrichen werden, die erste TV-Aufzeichnung wurde weggeschmissen, die zweite mußte Dylan dann selber bezahlen, und es regnete tagelang. Dylan setzte die Tournee fort, trank, spielte, trank und verbrauchte mehr Frauen als je zuvor. Die Weiße Göttin erschien ihm immer häufiger, und sie konnte sich ihm als Geistheilerin, Kartenlegerin, Wahrsagerin oder einfach als Hochseilartistin präsentieren. Hauptsache esoterisch und zigeunerhaft. »I seen a lot of women / But she never escaped my mind, and I just grew / Tangled up in blue.« In Fort Collins, wo der zweite Versuch fürs Fernsehen stattfinden sollte, kam es zu einer netten Begegnung: Sara, die Weißeste aller Göttinnen, war überraschend aus Los Angeles angereist, um Dylans 35. Geburtstag mit ihm zu feiern. Dylan hatte keine Zeit für sie und war außerdem mit zwei Groupies beschäftigt. Eins davon lungerte bei den Proben auf dem Klavier herum, während draußen eine kiebige Joan Baez die mühsam beherrschte Sara beobachtete: »Sie grüßte mich mit einem vorsichtigen ›Hallo‹ und redete über nichts Besonderes. Dabei starrte sie unverwandt auf die verschlossene Tür des Proberaums.«

Das Bühnenbild hatte Dylan zusammen mit Bob Neuwirth gemalt, sehr arabisch, und dazu trug er, weil es doch in Strömen regnete, ein über die Haare geknöpftes Schneuztuch, streng semirealistisch wie in einer Bibelverfilmung von Leo Kirch. Wild, Mann! Der Regen drohte ihnen ständig mit Kurzschluß und tödlichem Stromschlag, es war nicht lustig. Sara durfte sich anhören, wie ihr Mann »Idiot Wind« und »One Too Many Mornings« sang. Bei den Aufnahmen zu »Sara«, Sommer 1975, hatte er ihr im Studio noch zugerufen: »Das ist für dich!« Diesmal mußte er es gar nicht sagen.

Das Konzert, jeder konnte es sehen: unter Hochspannung. Die Mu-

»The fiddler, he now steps to the road / He writes ev'rything's been returned which was owed / On the back of the fish truck that loads / While my conscience explodes / The harmonicas play the skeleton keys and the rain / And these visions of Johanna are now all that remain.«

sik: zerfetzt. Punk, wie der geniale Rob Stoner sagte. In England waren eben die Sex Pistols aufgetaucht und tobten gegen die Sechziger und alle langhaarige Musik. [Die Platte: gewöhnungsbedürftig, aber leidenschaftlich. Und wieder ein Argument für Raubpressungen, denn eine offizielle Live-Platte der Rolling Thunder Revue mit den Auftritten an der Ostküste gibt es nicht. Begann er da mit dem Sklavenhandel, wie er es in »Tangled Up In Blue« Arthur Rimbaud vorwirft? »And something inside of him died.« Bruce Springsteen trat jetzt auf und wurde als neuer Dylan hochgeschrieben, während der alte ver-

sank. »Darkness At The Edge Of Town«, das war der Dylan-Sound, aber Springsteen fing erst an, er war noch nicht erschöpft. Vielleicht hätte Bob Dylan wirklich zwischendurch nach Afrika gehen und Waffen verkaufen sollen. Oder Mundharmonikahalter. Statt dessen brachte er »Street-Legal« heraus, 1978. Nur einmal gehört, dann weggestellt. Etwas in mir erstarb, nein: zerbarst. Heute finde ich sie viel besser, und außerdem leidet der Mann. Noch wesentlich schlimmer: »Live At Budokan«, halb tot in Japan. Schon das Cover, dieser Transvestitenlook. Dylan, schillernd in Violettrosa. Schaurig. Der Film, die Tournee, Sara schließlich – Bob Dylan brauchte Geld und mußte die längst verhaßte Tournee in Japan fortsetzen. Die japanischen Veranstalter glaubten deshalb, ihm mit einer Playlist kommen zu dürfen, »Blowin' In The Wind« oder kein Geld. Dylan war empört, aber er hätte es doch besser wissen müssen: Man kann nicht zwei Göttern zugleich dienen, dem Mammon und Gott auch noch, no sir! Einmal gehört und nie wieder. Aber da geschah etwas, von dem man einfach nicht wußte, was es war. Daß er es selber so genau wußte, wollte man lieber nicht befürchten. Der Weg nach unten, ein richtiges Programm. Wenn es vorsätzlichen Mord gibt, dann mordete hier einer sein Werk und sich gleich mit.]
Natürlich wurde nichts aus der Versöhnung mit Sara. Noch wußte keiner, daß sie in dem unbekannten Meisterwerk »Renaldo And Clara« als Weiße Göttin auftreten würde. Die Göttin wollte auch

»Street-Legal«: »Baby, please
stop crying, stop crying, stop
crying / Baby, please stop
crying, stop crying, stop crying /
Baby, please stop crying.«

nicht auf den fertigen Film warten, sondern verlangte die Scheidung und beanspruchte das Sorgerecht für die vier gemeinsamen Kinder. Dylan klagte dagegen, und seine Paranoia verstärkte sich noch. Mitten in der Nacht bestellte er das Kindermädchen zu sich, redete sich seinen Kummer von der Seele und dafür ewig auf die Frau ein und beschwatzte sie schließlich, bei ihm einzuziehen. So verliert man jeden Prozeß. Sara, nicht faul, marschierte ihrerseits mit Leibwächtern in die Schule und entführte ihre Kinder. Der Ehemann hätte ihr ja zuvorkommen können. Usw. Es war nicht furchtbar komisch. Und Sara Lowndes hatte Marvin Mitchelson engagiert, den erfolgreichsten Scheidungsanwalt der Westküste. Mitchelson holte ihr die Kinder heraus und die Kleinigkeit von zehn Millionen Dollar als Dreingabe.

Hat er vielleicht ein Problem mit Frauen? Darüber bräuchte man nicht zu reden, das haben einige. Doch Bob Dylan scheint auf eine nicht ganz erklärliche Weise von bestimmten Frauen abhängig zu sein. Schon der frühe Dylan befleißigt sich einer elaborierten Misogynie, haßt die Frauen von allem Anfang an und vermutlich am meisten dafür, daß sie sich seiner annehmen und sich um ihn kümmern. Suze Rotolo hat er betrogen, ihr gleichzeitig allerdings einige seiner schönsten Lieder geschrieben. Die Zauberin Sara erschien ihm dann exotisch, wild, fremd, weiblich und also direkt der »Weißen Göttin« entstiegen. Sie beruhigte ihn eine Zeitlang, gebar ihm Kinder, aber sie wollte nicht bei ihm bleiben, die Böse. Natürlich betrog er sie, aber sie war doch seine Frau. »Ja«, erklärte er 1978, »ich komme gern zur selben Frau nach Hause. Ich glaube an die Ehe. Ich weiß, daß ich nicht an die offene Ehe glaube. Sexuelle Freiheit ebnet den Weg zu weiteren Freiheiten. Ich finde, Scheidungen sollten bestraft werden. Warum sollte man so leicht heiraten und sich dann wieder scheiden lassen können?« Also sprach Bob.

Längst waren sie auseinander, als er meinte, sie mit seinem Lied »Sara« wiedergewinnen zu können. Sie spielte sogar in seinem Film mit, trat mit gegenwärtigen und vergangenen Kebsen auf und verließ ihn dann endgültig. Nach der Trennung, der Scheidung, dem langwierigen Sorgerechtsprozeß und nicht zuletzt wegen der Erschöpfung durch die ewige Tournee führte der Kreuzweg wie unvermeidlich zu Gott oder, wie sein Biograph Paul Williams formuliert, zur »unkritischen Gastfreundschaft von Jesus Christus«.

Lange schon bevor der erste Mondabreißkalender in den Handel gelangte, frönte Dylan der Esoterik. Je sinnbedürftiger er wurde, desto einfacher erklärte sich alles. Zum Beispiel konnte er die Welt damit gut c.g.jungsch in weibliche Archetypen aufteilen: Hexe, Zauberin, Göttin. Was die Frauen angeblich an ihm verbrochen hatten, ließ er fortan und mit dem Segen des Allerhöchsten das Publikum entgelten. Die Frauen sind schlecht, die Welt ist schlecht, kann sie ebensogut gleich untergehen. (Leider entschied sich der Musiker Dylan dann nicht für den großen »bang«, sondern für das fortgesetzte Wimmern.) »It's A Hard Rain A-Gonna Fall« schrieb er im Oktober 1962 während der Kubakrise, als die Welt jeden Augenblick explodieren konnte. Dylan reagierte zwar auf die Nachrichten, aber in seinem Lied hielt er sich lieber an die apokalyptischen Phantasien des Johannes. 15 Jahre später, als man längst über Abrüstung verhandelt, die Welt aber wieder wie bei der Kubakrise mit Untergangsgeschrei erfüllt ist, wird es für Dylan höchste Zeit, selber den alten Johannes zu machen.

Also gut: die Konversion, oder doch die erste. Obwohl, das stimmt natürlich nicht. Als erstes hat er sich vom Judentum, das zu Hause nicht besonders hochgehalten wurde, verabschiedet und die Musik gefunden. Dann entdeckte er Woody Guthrie und gab den Rock 'n' Roll auf. Die merkwürdigste Maske, die er anlegte, war die des fahrenden Sängers aus dem Mittleren Westen, grauenvoller Dialekt, nasale Intonation und natürlich »bound for glory«.[1]

»Hard Rain«: Mit schlechtem Sound live aufgenommen, aber andererseits war die eifersüchtige Sara dabei, die ihn nicht aus den Augen ließ.

Bob Dylan rimbaudisierte fröhlich weiter. Der eben noch alles unternommen hatte, daß man ihm seine harmlose Herkunft aus dem jüdischen Mittelstand nicht anmerkte, galt plötzlich als Zionist. Seinen Kindern gab er biblische Namen, aber das war notfalls Pioniertradition. Seinen 30. Geburtstag verbrachte er 1971 in Israel, und als er 1974 auf Tournee ging, fragte man ihn allen Ernstes, ob das etwa eine Kollekte für Israel werden solle. Die alte Freundin Carolyn Hester stellte sich in San Francisco sogar als Streikposten vor die Halle und versuchte, mögliche Zuhörer vom Besuch abzuhalten.

Beim Abschiedskonzert der Band in San Francisco am 25. November 1976, ein halbes Jahr nach dem Irrsinn von »Hard Rain« in Texas, schien Dylan sich wieder gefangen zu haben. Jedenfalls kündigte sich zunächst nicht mehr als ein Fortschritt ins Neue Testament an. Robbie Robertson sogar fand sich damit ab, daß der Regisseur Scorsese, sein Freund eigentlich und nicht der Dylans, die Kamera plötzlich von ihm weg auf Dylan richtete: »Bob Dylan sah unglaublich aus in diesem Film. Fast wie eine Christus-Figur. Ein Christus mit weißem Hut. Was hätte man da mehr verlangen können?«

Scharf beobachtet.

Seit den Sommerferien im Herzl-Jugendlager hatte Dylan sich nicht mehr gewaltig fürs Judentum interessiert, jetzt aber wandte er sich einem merkwürdig fundamentalistischen Christengott zu. Das Gerücht materialisierte sich allmählich in einem seltsamen Sprachgebrauch, schließlich ging der bekehrte Saulus an die Öffentlichkeit. In San Diego war's, da hatte ihm ein freundlicher Mensch ein silbernes Kreuz auf die Bühne geworfen, und als es ihm danach schlechtging, faßte er zufällig in die Tasche und fand dieses Kreuz wieder. Ein Zeichen. In einem Hotelzimmer in Tuscon soll es dann passiert sein. »Ich spürte eine Gegenwart in dem Zimmer, die niemand anderes als Jesus sein konnte. Ich erlebte eine richtige Erweckung. Es war ein körper-

---

1 Aber wer wird denn weinen? Die Beatles sangen so täuschend echt amerikanisch, daß die Amerikaner es gar nicht fassen konnten, als die Beatles bei ihren ersten Pressekonferenzen auf einmal ganz anders sprachen, so gar nicht amerikanisch, sondern in diesem merkwürdigen Dialekt aus der Alten Welt. Oder Chuck Berry. Seine Mutter, eine Lehrerin, hatte ihm beigebracht, so deutlich wie möglich zu sprechen und um Himmels willen doch nicht wie ein Schwarzer. »Johnny B. Goode«, einer seiner frühen Songs, handelt von einem Hinterwäldler, der ganz groß rauskommt. Ein Countrysänger. Deshalb verpflichtete man den vermeintlichen Hillbilly Chuck Berry auf ein Konzert irgendwo im Süden. Country. Als er dort ankam, wurde ihm die Tür gewiesen; Neger hatten keinen Zutritt.

1971 wird Dylan beobachtet, wie er zum Gebet an der Klagemauer in Jerusalem erscheint. Der verlorene Sohn ist heimgekehrt, aber er wird noch öfter verlorengehen. Ein Trost.

liches Erlebnis. Ich konnte es spüren. Mein Körper zitterte davon.« Holy Moses!

Ein eher amerikanisches Erweckungserlebnis und als solches vertraut. In Robert Altmans Film »Eine Hochzeit« berichtet jemand, wie Gott, während er selber gerade damit beschäftigt war, im Hotelbett zu sündigen, durch den Fernseher zu ihm gesprochen und ihn zurück auf den rechten Weg geführt habe.

Bob Dylan steckte Anfang 1979 wieder mitten in einer anstrengenden Tour. In seiner offenkundigen Not wandte er sich an seine Chorsängerin Helena Springs, mit der er seit einiger Zeit ein Verhältnis hatte. Sie war Christin. Auch Mary Alice Artes war Christin und hatte ein Verhältnis mit Dylan gehabt, und sie war es schließlich, die ihn zur

Vineyard Foundation brachte. Dylan, man mag es nicht glauben, ließ sich dort taufen. »Wenn ich etwas anfange, dann richtig.« Statt in die Kunstschule zu gehen, nahm er diesmal Katechismusunterricht, hörte sich drei Monate lang die Grundzüge des Christentums und das Evangelium nach Hal Lindsay an. Und er schrieb neue Songs.

Nun hatten sich die kalifornischen Spielformen der verschiedenen Religionen, wie Charles Mansons Amalgam aus Scientology und Aleister Crowleys Satanismus zeigten, schon immer durch eine wahre Leidenschaft fürs Apokalyptische ausgezeichnet, und auch Dylan bediente sich in seiner frühen Lyrik gern der Untergangsrhetorik aus der Pilgerväterbibel. Lindsay machte jetzt Ernst mit der Apokalypse. Die Bibel, lehrte er, sei unbedingt wörtlich zu nehmen, der Weltuntergang stehe unmittelbar bevor und das Reich Gottes auch. Die Reiche von Gog und Magog kämpften den letzten Kampf, die Schlacht von Armageddon, und wer dann nicht zu den Geretteten gehöre, sei einer der Verdammten. Lindsay übersetzte Gog und Magog als Sowjetunion und Iran, und Dylan fühlte sich in seiner apokalyptischen Inbrunst bestätigt, als die Iraner Anfang 1979 den Schah verjagten und Chomeinis Gotteskrieger die Angehörigen der amerikanischen Botschaft als Geiseln nahmen. Als die Sowjetunion dann auch noch in Afghanistan einmarschierte, erfüllte sich für ihn das Wort von Lindsays Schrift getreulich bis zum letzten Buchstaben.

Ohne Jünger oder wenigstens Zuhörer gilt der Prophet nichts, und wenn er noch so pessimistisch zu donnern versteht. Die Schlimme Botschaft war zu verbreiten, und zwar mit Macht. Von Stund an spielte der Prophet seiner neuen Botschaft gemäß nur noch neuere Lieder, nur solche, die er nach seiner Umkehr geschrieben hatte. Und er predigte: »Ich habe euch gesagt, daß sich die Zeiten ändern, und so kam es. Ich habe euch gesagt, daß die Antwort der Wind weiß, und so war es. Ich sage euch jetzt, daß Jesus wiederkehrt, und genau so ist es! Ohne ihn gibt es keine Erlösung.«

Die Fans waren nicht unbedingt begeistert.

Er mochte die Fans aber auch nicht besonders und drohte ihnen gleich persönlich mit Armageddon. Das war die Sprache, mit der sich der 1980 gewählte neue amerikanische Präsident Ronald Reagan ebenfalls beliebt zu machen begann. Und selbst wenn die Atombombe explodiere, verkündete Dylan, das sei schon recht, denn dann würde in

Jerusalem das tausendjährige Reich des Herrn errichtet und das Lamm beim Löwen liegen und der Löwe sich mit dem Verzehr von Stroh bescheiden. Prost Mahlzeit!

Dylan fuhr das ganz harte Programm, und eine Zeitlang wenigstens scheint er daran geglaubt zu haben. Premiere für die neue, sechs Monate dauernde Tournee war am 1. November 1979 im Warfield Theater in San Francisco. Wie auf »Slow Train Coming«, der Platte, die er eben mit Mark Knopfler und Jerry Wexler aufgenommen hatte, wurde auf Teufel komm raus gegospelt und gesülzt, daß es eine Freude und dem Herrn bestimmt kein reines Wohlgefallen war. Dylan aber blieb eisern. Keine alten Lieder, sondern nur die neue Botschaft. Kein einziger bekannter Song, dafür um so vertrauter die Sätze und die Instrumentierung: südlich, sehr südstaatlich, baptistisch, erregt, keine Spur mehr von New Yorker Raffinement. Vorsicht, dreht euch nicht um, der Missionar geht um!

Es war gespenstisch. Die Vineyard Foundation stellte sogar einen ihrer hauptberuflichen Prediger ab, damit er den Novizen auf seiner Tournee begleiten und nicht bloß spirituell versorgen konnte. Scientology ist nichts dagegen. Die Kritiker in San Francisco zerfetzten ihn; das bestätigte ihn nur. Er war auserwählt, und wer ihn auspfiff oder den Saal verließ, der war bereits verdammt. Es wurde eine traurige, grotesk humorlose Veranstaltung, und der Prophet galt wieder einmal nichts in seinem Vaterlande. Sich nur vorzustellen, er hätte sich seinen alten Freund Kinky Friedman als Überraschungsgast geholt (den er während der Rolling Thunder Revue »verbauert« genannt hatte) und Kinky hätte sich eine Zigarre in den Mund gesteckt und losgelegt: »They don't make jews like Jesus anymore.« Teeren, Federn und eine kleine Steinigung nachmittags um fünf wären das mindeste gewesen für diesen Frevel.

Aber auch lustiger.

In seiner Not kennt der Fundamentalismus kein Gebot: Bei Konzerten strolchten gelegentlich die Sicherheitsleute durch die Reihen und enteigneten nicht bloß teuflische Joints, sondern selbst harmlose Zigaretten; auch gottlos. (Es gibt kaum ein Foto des mehr oder weniger vergotteten Bob, auf dem er keine Zigarette hält.) In San Francisco und dann in Santa Monica spielte sich Dylan langsam ein, aber während in Kalifornien das Publikum im wesentlichen ausharrte und sich

Ist es Superman? Tom Jones? Jeff Lynne? Bob Dylan am Beginn einer langen und mühseligen Kreuzfahrt zwischen Fundamentalismus und Erlösung.

den Erweckungsprediger gefallen ließ, grölten die Studenten in Tempe im Nachbarstaat Arizona. Dylan kannte kein Erbarmen; die Kraft der Apokalypse war mit ihm. Streng wandte er sich an sein krakeelendes Publikum: »Hier geht der Geist des Antichrist um.« Die Studenten, unverschämtes, gottloses Pack, verlangten dennoch »Rock 'n' Roll!«, und der fromme Mann erinnerte sich der Drohungen einer früheren Generation und sprach für die Unbelehrbaren eine Empfehlung aus, die er als Teenager vermutlich selber zu hören bekommen hatte. Sollten sie doch Kiss und so Zeug hören und damit gleich bis in den Höllenschlund rocken. Drei, vier, fünf, vielleicht zehn Jahre würde es noch dauern, dann aber sei Matthäi am letzten! Also Rolling Thunder war gemütlicher. Der zeternde Herr dort auf der Bühne meinte das wirklich ernst.

Als aber die Proteste gar nicht enden wollten, als schier niemand mehr hören mochte, was der Prophet zu verkünden hatte, wurde den Ungläubigen gleich an Ort und Stelle der Prozeß gemacht und das Urteil im Schnellgerichtsverfahren verkündet: »Es gibt nur zwei Gruppen: Die einen sind gerettet, die anderen sind verloren. Denkt daran, daß ich euch das gesagt habe. Ihr werdet mich vielleicht nie wiedersehen, aber irgendwann werdet ihr an das denken, was ihr hier gehört habt: daß Jesus der Herr ist.«

Dylan ging zwar nicht barfuß, aber er redete so.

Im Großen Buch sagt der andere Jesus: »Ich werde nur noch kurze Zeit bei euch bleiben, dann kehre ich zu dem zurück, der mich gesandt hat. Ihr werdet mich dann suchen, aber nicht finden; denn wohin ich gehe, dorthin könnt ihr nicht kommen.« (Joh 7,33 f.)

Es war furchtbar, und es ging so weiter. Aber man darf nicht ungerecht sein: Es ist nicht leicht, ein Gott zu sein, und Dylan eignete schon immer etwas Selbstgerechtes. Bei aller Sympathie und sogar Bewunderung hat ihn D. A. Pennebaker als hochfahrenden Ritter porträtiert, und wer vorgelassen wurde bei Hofe und die Gnade eines Interviews erfuhr, bekam reichlich von Dylans zuweilen eigentümlichen oder pfeilgrad fundamentalistischen Ansichten zu hören. Und warum auch nicht? Pop ist ein freies Land.

Bedenklich ist vielmehr das freiwillige Absenken des eigenen Niveaus. War er es nicht, der Mitte der Sechziger diesen surrealistisch versponnenen Reim gefunden hatte: »Don't follow leaders / Watch the parking meters«? John Lennon, der so leicht verführbare John Lennon, hatte ihm 1970 aufs Wort gehorcht. In dem Stück »God« zählte er auf, woran er nicht glaubte, die Bibel, I Ching, Hitler, Yoga, Elvis, Zimmerman und selbstverständlich auch nicht mehr an die Beatles: »I just believe in me / Yoko and me / And that's reality.« Und jetzt predigte dieser ehemalige Zimmerman in einem Brustton, als hätte er mindestens vierzig Jahre mit Heuschrecken und nur ganz wenig Honig in der Wüste verbracht, die grundstürzende Erkenntnis: »You Gotta Serve Somebody.«

Drei Platten brachte er mit religiösem Gewimmer voll und auch heraus. Eine Live-Platte mit diesen frommen Gesängen produzierte er auf eigene Kosten, aber bisher ist sie zum Glück nicht erschienen. (Hier ist der Bootleg-Markt dann doch nicht so rege.) Auf »Slow Train Coming«, das sich als großer Erfolg erwies, folgte »Saved« und »Shot Of Love«. Flüchten oder standhalten? Allah ist mit den Standhaften, aber nicht jeder ist zum Märtyrer geboren. Auf »Shot Of Love« ganz überraschend eins der schönsten Lieder, das er je geschrieben hat: »Every Grain Of Sand«. Klar, auch Elvis machte seinerzeit religiöse Platten, doch das war des Colonels Werk und spätes Zuckerbrot für ein Publikum, das bei »Devil In Disguise« zu Recht den Teufel am Werk sah. Elvis war sowieso ein berufsmäßiger Betrüger und ließ sich von Richard Nixon zum Drogenbeauftragten ernennen, denn da kannte er sich aus, der alte Schäker.

Dylan spielte nicht bloß mit dem I Ching, er ließ sich von einer Tamara Rand die Karten legen und phantastische Geschichten weismachen. Zum Beispiel wußte sie exklusiv, daß Dylan in einem früheren Leben praktisch römischer Kaiser war und so Zeug. Elagabal? Julian Apostata? Oder wenigstens, statt der Laute eine Gitarre in der Hand, der göttliche Nero? Versteht sich, daß er später den Karten ebenso theatralisch abschwor wie den Frauen.

Aber das sollte jetzt nicht mehr komisch sein, eher handelte es sich um eine schwere Lebenskrise. Die Sechziger erledigt durch einen Nachfolger Kennedys im Weißen Haus, Punk voll erblüht und Dylan altes Eisen. »Renaldo And Clara« ein Fiasko. Schreibkrise und die eigenen Sachen so fern.[2] Schließlich und vor allem die gescheiterte Ehe mit Sara und der verlorene Prozeß um das Sorgerecht; danach eine Serie von merkwürdigen Freundinnen, meist aus dem Chor gepickt und nach Gebrauch zu »Hexen« erklärt – das haut den stärksten Mann um. Oder wie Clinton Heylin messerscharf bemerkt: »Als sich Dylan auf der Flucht vor der dreifachen Göttin befand, brauchte er den Schutz einer starken, patriarchalen Religion.«

---

2 »Es gibt keine logische Erklärung für Texte wie ›Desolation Row‹. Ich weiß nicht, wie sie entstanden sind«, erklärt er 1987.

Mußte das wirklich sein? frug sich die Schar der Gläubigen und hoffte klamm und heimlich auf ein Zeichen, ein kleines Wunder. Aber dann ließ die religiöse Inbrunst wieder nach. Dylan behandelte weltliche Themen in seinen Liedern, feierte den jüdischen Komiker Lenny Bruce als seinen Helden und brachte »Infidels« heraus. Und was ist mit dem Predigen? »Ich muß jetzt was anderes machen. Auch Jesus hat bloß drei Jahre gepredigt.«

Anfang 1982, die Welt wollte offenbar doch nicht gleich untergehen, war wieder alles ganz anders. Im September jenes Jahres nahm er an der Bar Mizwa seines Sohnes in Jerusalem teil und erschien bei der Zeremonie in jüdischer Tracht. Etliche Monate später hieß es, er habe sich jetzt der chassidisch-fundamentalistischen Sekte der Lubavitcher angeschlossen. Warum auch nicht? Der wiedergeborene Christ war neuerlich verlorengegangen und hatte sich als Jude wiedergefunden.

Konversion, die zweite. Die Lubavitcher betreiben in Brooklyn ein heilsarmeeartiges Reha-Programm für Alkoholiker und Drogensüchtige. Na ja. Von 1983 an jedenfalls erschien Dylan des öfteren in der Zentrale zu Schulung und frommer Unterweisung. Dreimal trat er für den seltsamen Verein im Fernsehen auf und warb Spenden ein. 1989 spielte er, begleitet von seinem Schwiegersohn Peter Himmelman und dem Schauspieler Harry Dean Stanton, Blockflöte und trug die vorgeschriebene Jarmulke. Wieder zwei Jahre später trägt er einen Cowboyhut drüber und tritt endlich mit dem »Texas Jewboy« Kinky Friedman auf. Was, bitte, soll das werden?

Statt aber für Kinky warb er für Rabbi Manis Friedman und dessen Buch »Warum errötet niemand mehr?« Ja, warum nicht zum Beispiel Bob Dylan, wenn er diese unterirdische Predigt unterstützt, in der mehr Jungfräulichkeit, mehr Reinheit und überhaupt weniger Sex gefordert wird? Andererseits hat er immer Little Richard bewundert. Auch der fand eines Tages den Weg zu Gott. Da die Bekehrung im Flugzeug stattfand, warf der wiedergeborene Christ, ohne zu säumen, seinen Perlenschmuck ins Meer. Und der gute Little Richard wußte auch, wogegen er frisch bekehrt wetterte: gegen die Unzucht und vor

»There was music in the cafes at night / And revolution in the air. / Then he started dealing with slaves / And something inside of him died.«

allem gegen die Homosexualität. Die Wege dieser Herren sind manchmal bloß noch wunderlich.

Komischerweise lag Dylan trotzdem an seiner Glaubwürdigkeit, wenigstens bei den Kollegen. Im Booklet zu »Biograph« zitiert er einen anderen und ebenfalls ziemlich heiligen Bob, sonst Marley geheißen, der gesagt haben soll: »And me like his song ›Serve Somebody‹ quite a bit as well«, oder wie man halt so jamaikamäßig daherredet. Teufel oder Gott – muß man unbedingt jemandem dienen? Darauf der auch nicht immer ganz auf der Höhe operierende John Lennon, zu seiner Zeit selber manchem Wahnsinn nachgelaufen, kaltherzig aus der Inneren Emigration in Manhattan: »Serve yourself!«. Besorg's dir selber![3]

Gott aber ist im Hauptberuf Amerikaner (der Teufel wahrscheinlich erst recht), und der schaut drauf, wo der Barthel den Most holt. Zu Ronnie Hawkins, den die Band vor Dylan begleitet hatte, sagte er angeblich, seit seiner Konversion zum Christentum habe er zwölf Millionen Platten verkauft. Darauf Hawkins: »Dann werd halt Moslem, und du verkaufst vielleicht sogar sechzig Millionen.« In Wahrheit ging der Plattenverkauf heftig zurück. Dylan schrieb keine guten Melodien mehr, seine Texte kamen aus dem religiösen Poesiealbum. Seine Platten waren dennoch Mainstream, für die Single »Gotta Serve Somebody« erhielt er einen Grammy. Bei seiner Dankesrede war er bobbrutal: »Ich möchte als erstes dem Herrn danken.« Da möchte man ihn dann wieder küssen dafür.[4]

Gerettet? Eher doch gerichtet. [Von mir jedenfalls. Mein erstes Dylan-Konzert, München, Olympiahalle, 19. Juli 1981, und keine Erinnerung mehr, gar keine. Oder nur, daß es mitten im Sommer tagelang regnete und bitterkalt war. Schafskälte. Die Zeugen Jehovas standen draußen und warben für Jesus, den andern. Flugblätter wurden verteilt mit den Songtexten, fleißig und philologisch korrekt annotiert, die Anspielungen auf den Römerbrief, auf Jesaja und das Matthäus-Evangelium sauber nachgewiesen und ergänzt um das Bekenntnis, daß der Autor dieses frommen Werbezettels sich »vor fünf Jahren als

3 John Lennon ergänzt Dylans weibliche Archetypen um die offensichtliche Leerstelle: »Something's missing in this god-almighty world, / It's your mother / Hear me callin', Ma? M-O-T-H-E-R ...«

4 Oder noch mehr 1991, als er erneut so ein Dings einsammelt und im Golfkriegsfrühjahr als Danklied singt, was unbedingt gesagt werden mußte: »Masters Of War«.

Gammler in Mexiko von meinem blinden Führer Dylan zu meinem herrlichen Herrn Jesus Christus bekehren durfte«. Herrlich, ja, oder wie es noch im alten Idiolekt heißt: »On my way out of Dillegypt through Dylanopia to the judgement hall of Christ.« Herzlichen Glückwunsch! Selig kann der bekehrte Mann mitteilen, daß inzwischen auch der blinde Bob Dylan heimgefunden hat zu Gott.

Waren es wirklich 10.000 in der Olympiahalle? Jedenfalls zog er ein reiferes Publikum an, Erwachsene, Theaterbesucher, die am Eingang als erstes nach der Garderobe fragten. Wir standen ziemlich weit vorne in der Arena, aber was hat er eigentlich gesungen? Es kann doch nur furchtbar gewesen sein. Er sang »Saved«, sang wirklich, daß ihn das Blut des Lamms gerettet habe und wie froh er darob sei und immerzu frohlocken müsse. Mit ihm frohlockten vier Gospelsängerinnen, jaulten und jammerten und rührten den matschigen Sound der Band zu einem gräßlichen Lautangriff. »Masters Of War« sang er noch und »The Times They Are A-Changin'« und »Maggie's Farm«, doch er war sichtlich woanders, bestimmt nicht bei uns, die er sowieso rettungslos verloren gab. Haben und Nichthaben: Endlich konnte ich ihn sehen, aber er war gar nicht da. Wir haben ihn damals aus Enttäuschung ebenfalls aufgegeben, haben, zum Mißfallen der weniger Kleingläubigen um uns herum, ausgiebig gepfiffen. Waren wir nicht im Recht? Bob Dylan, der stur was zusammenmährt, weder sich noch seine Songs kennt? Jeder so fromm, wie er kann, aber das war schaurig.

Nein, wir waren nicht im Recht. Hätten wir nicht eine Stunde mit ihm wachen können, eine Stunde nur, oder auch ein Jahr, auch zwei oder drei? Der Mann schwitzte doch am Ölberg. 1981, das muß man ihm noch zugute halten, war ein apokalyptisches Jahr. Die Nachrüstung lag schwer überm Land, auf den amerikanischen Präsidenten und auf den Papst wurde geschossen. Bob Dylan nahm vielleicht auch diese Sünden der Welt auf sich. Reue.]

Verzweifelt suchte er nach einem neuen Sound, probierte es bei Elvis Costello, David Bowie und klingelte sogar bei Frank Zappa. Es ging ihm schlecht, womöglich meckerte auch Columbia inzwischen über den schwachen Verkauf. Auf den Konzerten spielte er plötzlich wieder seine Klassiker, und innerhalb weniger Monate war das evangelikale Programm vollkommen verschwunden.

Der Herr rechts (unter dem Strohhut), das ist Bob Dylan. Hier mit Joan Baez und Carlos Santana 1984 beim Beginn der Deutschlandtournee.

Ein Spuk?

Er ging in die Öffentlichkeit. Er drehte Videos, genauer: Er ließ sich filmen und die Musik einspielen, die wenig mit der Szene zu tun hatte, bewegte die Lippen dazu wie in der einstigen ZDF-Hitparade. Michael Jackson hatte Scorsese engagiert, Dylan konterte mit dem ähnlich religionsbesessenen Paul Schrader (auch er aus dem schneereichen Norden). Zusammen drehten sie »Tight Connection To My Heart«, und weil das Video wie Schraders Film »Mishima« werden sollte, mußte Dylan für die Aufnahmen nach Tokio fliegen. Alle Beteiligten fanden das Ergebnis grauenhaft.

Er drehte einen richtigen Film, »Hearts Of Fire«, Regie Christian Marquand. Die Erfahrung mit Sam Peckinpah hatte ihn mißtrauisch gemacht. Kein Film für die Filmindustrie, deshalb »Renaldo And Clara«. Der war unbestritten anspruchsvoll und alles andere als kommerziell, damit aber auch teuer. Jetzt fand Dylan nichts mehr dabei, in einem hirnlosen Film einen alternden Rockstar zu spielen. Das Christusmäßige verlor sich allmählich, er wurde wieder der Menschensohn. Und leistete sich weitere Irrtümer.

Er trat mit seinen religiösen Liedern in »Saturday Night Live« auf.

Er trat in der Talkshow bei David Letterman auf und spielte nicht schlecht.

Er trat mit Santana auf.

Er ging mit Mick Taylor auf Tournee, Taylor, der einmal der beste Bluesgitarrist der Rolling Stones war. Taylor als Bandleader: eine Katastrophe.

Er ließ sich von Joan Baez zu einem Benefizunternehmen gegen Nuklearenergie überreden. Armageddon, aber vielleicht doch nicht gleich sofort?

Er trat in West Point auf. Was er da wohl gesungen hat? »Masters Of War« vielleicht?

Er überließ den Song »The Times They Are A-Changin'« der Bank of Montreal, damit der nicht mehr ganz junge Hippie seinen Groschen aus dem Sparstrumpf hole und auf der Bank deponiere. Andererseits mochte er den Song nie besonders.[5]

[Damals wäre ich bald aus der Dylan-Kirche ausgetreten. Jedenfalls

5 Der Folkmusiker Tony Glover, der Dylan zuletzt in Minneapolis stark beeinflußt hatte, besuchte den inzwischen berühmten Sänger Ende 1963 in New York. Auf dem Tisch lagen Texte herum, darunter die vierte Strophe des Songs: »Come senators, congressmen / Please heed the call.« Glover: »Was soll der Scheiß, Mann?« Und Dylan soll nur mit den Achseln gezuckt haben: »Genau das wollen die Leute aber hören.«

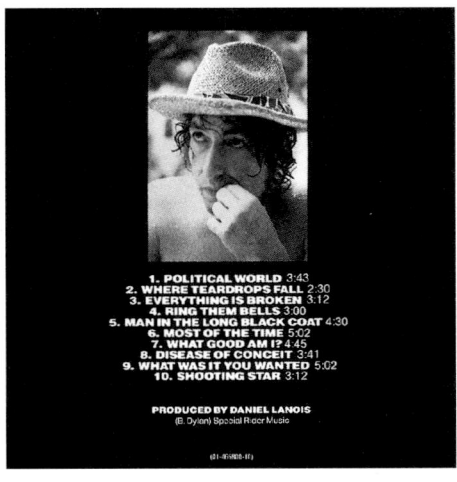

1. POLITICAL WORLD 3:43
2. WHERE TEARDROPS FALL 2:30
3. EVERYTHING IS BROKEN 3:12
4. RING THEM BELLS 3:00
5. MAN IN THE LONG BLACK COAT 4:30
6. MOST OF THE TIME 5:02
7. WHAT GOOD AM I? 4:45
8. DISEASE OF CONCEIT 3:41
9. WHAT WAS IT YOU WANTED 5:02
10. SHOOTING STAR 3:12

PRODUCED BY DANIEL LANOIS
(B. Dylan) Special Rider Music

(31-35906-11)

»Oh Mercy« fleht die Platte, aber es scheint ihm nicht schlecht zu gehen: »Hast du je etwas geträumt, was du dir nicht erklären konntest?« fragt er in »Caribbean Wind«. »Bist du je deinen Anklägern im Regen gegenübergestanden? Sie hatte einsame braune Augen, und ich werde sie nicht vergessen, solange sie fort ist.«

Sein Seidenanzug stamme aus Hongkong, erzählt Bob Dylan in einem Lied;
das dürfte aber auch schon die einzige Entschuldigung für diesen Auftritt mit
Bruce Springsteen sein.

ließ ich meine Mitgliedschaft ruhen. Christliche Platten gut und schön,
aber irgendwann war Schluß mit dem Gegreine und diesem weichge-
spülten Reggae – konnte der Mann denn nicht endlich mit dem Kiffen
aufhören? Kein Konzert also mehr besucht zwischen 1987 und 1994
und vielleicht sogar manches gute versäumt. (Nicht wiedergutzuma-
chen.) Bob Dylan fristete nicht nur bei mir ein katakombiges Dasein,
seine Gemeinde hatte sich massenhaft in den Untergrund geflüchtet,
denn zu peinlich war er geworden, ein Austrägler, der es immer noch
besser wußte, der immer wieder mit einem anderen Song konterte
und auf keinen Fall Schluß machen wollte. Schweig still, Mann! Aber
nichts da, er wollte einfach nicht hören. Das Schreiben fiel ihm schwer,
Sam Shepard half ihm bei dem unsäglich aufgeblasenen »Brownsville
Girl«, und Helena Springs, eine seiner merkwürdigen hexischen Wun-
derfrauen, durfte mittexten. Reden wir nicht mehr drüber. Er über-

»People tell me it's a sin / To know and feel too much within. / I still believe she was my twin, but I lost the ring.« Die Engländer an seiner Seite heißen Ron Wood und Keith Richards.

stand diese zähen Jahre, auch wenn man ihm mehr und mehr zu verzeihen hatte. Praktisches Christentum.]

Die Achtziger waren nicht gut für Bob Dylan. In der Hitliste von »Rolling Stone« mit den besten Alben dieser Zeit tauchen Prince und Bruce Springsteen je viermal auf, und zweimal sogar die immer gleichen Rolling Stones. Dylan schafft es mit »Oh Mercy« und dem verlegenen Prädikat »ein ermutigendes Zeichen« so grad auf Platz 44. Immerhin ist er bei den Traveling Wilburys noch mal vertreten, und in seinem Song »Tweeter And The Monkey Man« macht er sich ein bißchen über den windschnittigen Springsteen lustig. In der Verkaufshitparade erreichte »Oh Mercy« Rang 33; die so viel besseren Wilburys kamen auf Platz 3.

Ende 1985 brachte er »Biograph« heraus, ein etwas krauses Durcheinander von ausgemusterten und verworfenen Aufnahmen bekannter Stücke, Live-Versionen, die es bisher nur auf dem grauen Markt gab, nie veröffentlichten Songs wie »Abandoned Love«, und deshalb dankbar angenommen, wie Manna, das in der Wüste endlich vom Himmel fällt. Dazu ein Booklet, in dem er mehr als je zuvor von sich und über die Entstehung einzelner Songs erzählte. Gleichzeitig erschien eine erweiterte Sammlung seiner Texte, noch eine Werkausgabe zu Lebzeiten und wenigstens vorletzter Hand. Sollte er mit sich, seinem Werk, seiner nadochja: Kunst abgeschlossen haben?

Inzwischen machte sich ein weiterer Bob, Geldof mit Nachnamen, einen noch größeren als Hungerpastor. Erst nahmen die Amerikaner im Januar 1985 die überflüssige Single »We Are The World« auf (Wir sind die Welt, wir sind die Kinder, uhuuu! Dagegen war »All You Need Is Love« noch eine Symphonie von mindestens beethovenscher Subtilität). Dann kam die Stunde von Bob Geldof. In London und Philadelphia brachte er im Juli U2 und Simple Minds und die anderen Kasper zusammen, die alle gegen die Hungersnot in Äthiopien spielten und sangen. (Der affige Phil Collins nahm sogar eine Concorde, um bei beiden Konzerten dabeizusein.) Bob Dylan hatte mit Keith Richards und Ron Wood ein bißchen (nicht übertreiben) geprobt und ein paar seiner Lieder vorbereitet. Als es soweit war, konnte er bei dem allgemeinen Gekreisch und Hintergrundgewummere seine eigene Stimme nicht mehr hören. Außerdem war er sichtlich betrunken. Zwischendurch murmelte er etwas von den notleidenden US-amerikanischen Farmern (Guthries Sohn!). Geldof war sauer. Yeah! Willie Nelson organisierte daraufhin Farm Aid. Bob Dylan probte diesmal eine ganze Woche mit Tom Petty and the Heartbreakers. Es machte ihm wieder Freude, und er spielte seine neuen Songs und dazu, so viel Kundendienst muß sein: »Maggie's Farm«.

Dann ein Lichtblick. Mitten in diesen All-Star-Sessions, den Festivals der besten Absichten, die unter Geiselnahme des Publikums schlechte Musik für einen guten Zweck spenden mußten, fanden sich ein paar ältere Herren zusammen, die einfach nur Musik machen wollten. George Harrison brauchte ein Studio, um noch eine B-Seite aufzunehmen; außerdem wurde sein Stück »Handle With Care« nicht fertig. Er holte seine Gitarre bei Tom Petty ab, brachte Petty gleich mit, ebenso Jeff Lynne (früher Electric Light Orchestra), der ihn produzieren sollte. Lynne wiederum brachte Roy Orbison mit, mit dem

Keith Richards, Bob Dylan und flammende Gitarren: Das Höllenfeuer brennt, brennt am östlichen Jordanufer und am Felsen von Gibraltar, verbrennt die Seiten, und dann hebt sich der Vorhang über einer neuen Zeit.

er gerade an einer Platte arbeitete. Sie trafen sich bei Bob Dylan, der das Equipment seines längst aufgelösten Studios in einer Garage gestapelt hatte. So entstand die Band The Traveling Wilburys (nach dem Stadtteil Wilbury in Los Angeles), und so entstand eine harmlose, aber gutgelaunte Platte, nebenbei ein Überraschungserfolg, zweimal Platin.

Vielleicht weil es nicht ernst gemeint war, Dylan nicht verzweifelt nach einem wieder neuen, zeitgemäßen Sound suchte, sondern der sich von allein ergab, als die reiferen Herrschaften sinn- und zweckfrei herumalberten, vor allem aber durch die tragende Stimme Roy Orbisons, der seine Fans um sich geschart hatte – jedenfalls war hier mühelos etwas gelungen. »Traveling Wilburys« wurde Dylans erste erträgliche Platte nach langer Zeit. Zwei Jahre darauf, Orbison war

inzwischen gestorben, wiederholten sie den Versuch, übersprangen eine Nummer und gaben dem neuen Album den Titel »The Traveling Wilburys III« und konnten das Glück des ersten Augenblicks doch nicht mehr einholen.

Dafür häuften sich die Ehrungen. Bob Dylan wird, Glasnost, 1985 zum Moskauer Poetikfestival eingeladen; liest, liest dort allen Ernstes »Blowin' In The Wind« vor; aber wenn er meint. Als Anerkennung läßt Gorbatschow drei Jahre später zwei russische Soldaten hinrichten. Sie hatten, betrunken, mit ihrem Militärfahrzeug einen Trabant gerammt, in dem dann vier Fans verbrannten, die vom ersten Dylan-Konzert in Ostberlin zurückkehrten.

Im gleichen Jahr 1988: Aufnahme in die Rock 'n' Roll Hall of Fame. Brauchte er es denn unbedingt amtlich? Das war doch Kinderkram. Bruce Springsteen hielt die Laudatio, sagte: »Dylan war ein Revolutionär. Bob befreite den Kopf, so wie Elvis den Körper befreit hatte«, sagte: »Ohne Bob hätten die Beatles ›Sergeant Pepper‹ nicht gemacht, die Beach Boys keine ›Pet Sounds‹, die Sex Pistols nicht ›God Save The Queen‹, U2 nicht ›Pride In The Name Of Love‹, Marvin Gaye kein ›What's Goin' On?‹, die Count Five nicht ›Psychotic Reaction‹, Grandmaster Flash nicht ›The Message‹, und niemals hätte es eine Gruppe mit Namen Electric Prunes gegeben.« Stimmt ja vielleicht auch alles (nur daß Dylan »Sergeant Pepper« nicht mochte), aber so schön kann nur ein Nachruf sein. War er denn wirklich tot? Es muß sagenhaft bescheuert ausgesehen haben, wie er daneben stand und sich diesen Schwurbes anhörte.

Grammy, Emmy, die lächerliche Ruhmeshalle, ein Auftritt zu Ehren von Frank Sinatras 80. Geburtstag – wie tief kann man sinken? Immerhin, die Franzosen machten ihn zum Kunstritter, »Commandeur des Arts et des Lettres«, und ausnahmsweise trägt er das Kreuz mit Sinn und Verstand.

Die Neunziger gehen furchtbar weiter. Dylan sammelt Preise, Clinton spendiert ihm irgendeine Kennedy-Gedächtnis-Plakette. Schön langsam könnte er sich die Brust damit zupflastern wie diese alten russischen Generäle mit den riesigen Uniformmützen. Verdienter Musik-

Vor kurzem hat Dylan das Kreuz der Ehrenlegion erhalten, nein, besser, er wurde in Frankreich zum »Commandeur des Arts et des Lettres« ernannt.

veteran des Volkes, hat an allen Schlachten teilgenommen, vielfach verwundet, immer wieder nach vorn ins Feuer, nicht – so heißt es doch – totzukriegen, der Alte. Auf einem besonders schaurigen Foto überreicht er im Februar 2000 seinem alten Freund Santana ein messingblitzendes Grammophönchen, so süß! Nicht mal vor Leichenschändung schreckt man zurück: Bei gleicher Gelegenheit erhält Jimi Hendrix seinen ersten Grammy, dreißig Jahre nach seinem Tod. »Hail! Hail! Rock 'n' Roll! Deliver me from the days of old!« Aber das war ein anderer, das hatte Chuck Berry gesungen.

In einem Gespräch mit Cameron Crowe für die Auswahl »Biograph« äußert sich Dylan so grundsätzlich wie zuvor nur in seinem Film »Don't Look Back«, wenn er der Kamera frenetisch und nicht sehr stringent die Welt erklärt. Zwanzig Jahre später ist das Unbehagen an der Kultur in dieser Welt nicht kleiner geworden. Alles sei »zu kommerziell«, alles »Teil des Systems«. Kann man ihm kaum widersprechen. »Manchmal kommt man sich wie in dem Film ›Invasion der Körperfresser‹ vor und fragt sich, ob es einen schon erwischt hat, ob man zu den wenigen Übriggebliebenen gehört oder bereits zu ›ihnen‹. Man weiß es einfach nicht.« Er redet und redet immer weiter, spricht davon, wie ihn die Musik einmal befreit hat, wie sie die ganze Welt in Brand stecken konnte, wie Elvis, Little Richard und Chuck Berry die Alten fast zu Tode erschreckten, während heute die Industrie mit dem Bulldozer drüberfahre, alles vereinnahme. Der Rock 'n' Roll sei zu

»Under The Red Sky« und produziert von den Was-Brüdern, aber dann doch mehr Hölle als Himmel.

Werbejingles heruntergekommen und werde inzwischen im Weißen Haus geschätzt. (Das war 1985, als Nancy Reagan die ordentlich drogenerfahrenen Beach Boys als »unsere Freunde« bezeichnet hatte. 1993 spielte Dylan dann selber bei der Inaugurationsfeier für den dilettierenden Jazzer Bill Clinton.)

Schließlich erklärt er, daß er sowieso nicht dazugehöre, weil er diese Welt für ein »Durchgangsstadium« halte. Was soll ich sagen? Wo er recht hat, hat er recht. Für einen, der das irdische Jammerthal mit einer Mischung aus Zorn und Gleichgültigkeit betrachtet, bewies er dann aber wieder gesunde Bodenhaftung: Im Jahr drauf sang und spielte Bob Dylan zwar nicht für einen Baumarkt, aber für die 15.000 Arbeiter der nicht weiter namhaften Firma Applied Materials, eine echte Massenspeisung und mit einer runden Million wesentlich besser honoriert als Jesus damals.

Heute dreißig Jahr
NUN SINGET UND SEID FROH

Und dann gibt es immer wieder Geschichten, die mich mit ihm versöhnen. 1992, New York, Madison Square Garden, Stätte großer Triumphe, jedesmal ein Heimspiel und die Probe gleichzeitig, wie viele Jünger er um sich scharen kann. Sind es auch nur zwei oder drei, die in seinem Namen zusammengekommen sind, wird er mitten unter ihnen sein. Sind es womöglich zwölf, die sich zum letzten Abendmahl um ihn versammelt haben? (Und ist einer davon der Verräter?) Kann er heute vielleicht 5.000 speisen und vor noch mehr Menschen zum Beispiel die Bergpredigt halten?

Beim großen Jubelfest, Bob Dylan und sein dreißigjähriges Plattenjubiläum, umgeben von seinen Freunden (was ja noch geht) und jüngeren Helden, die das Los über seine Songs (ein paar davon) geworfen und sie unter sich aufgeteilt hatten, bei dieser Apotheose, die zu seinen schlechtesten Konzerten gehört, saß der Jubilar draußen vor der Arena im Auto und wartete, bis die Zeit für seinen Auftritt gekommen war. Supermäßig. Ein Monster an Arroganz ist er, und am Ende werden sie froh gewesen sein, daß er überhaupt hereinkam. Er hatte einfach keine Lust, sich Coverversionen anzutun, er wollte nicht Bob Dylan hören, wenn er es nicht selber war.

Wozu mußte er dabeisein, wenn John Cougar Mellencamp (»Like A Rolling Stone«) eine Parodie des mittleren Dylan aufführt (sogar mit elektrischer Rivera-Geige)? Wenn Johnny Cash, Willie Nelson, Lou Reed und viele mindere Musiker sich redlich durchs Dylan-Liederbuch arbeiten, als müßten sie ihrer Klavierlehrerin noch was beweisen? Wer solche Fans hat, dem muß um seine Feinde nicht weiter bange sein. Dreißig Jahre Künstler Bob Dylan, ein Fest für den »Columbia Recording Artist« gleichen Namens. Wenn die Musikindustrie einen liebt, dann kennt sie nur mehr den Würgegriff. Erfolg gebiert eine gemischte Gesellschaft wie »We Are The World«. Benefiz, nur lange genug ausgeübt, wird bloß noch ekelhaft, und vermutlich kann man irgendwann nicht mehr anders, als sich mit dem üblichen Gesindel gemein zu machen. Dylan hat doch nicht dreißig Jahre gesungen, Musik gemacht, sich zurückgezogen, weitergemacht, »Lord knows I've paid some dues gettin' through«, damit er gefeiert wird, als wäre er ein amerikanisches Gemeingut wie Frank Sinatra. Ist aber offenbar so.

Hat er das nötig? Jeder Depp kriegt seine Goldene Betriebsangehörigkeitsnadel, wenn er nur lang genug dasselbe gemacht hat, aber warum muß sich ausgerechnet Bob Dylan dafür beschulterklopfen lassen, daß er immer noch Platten herausbringt? Warum muß er selber bei Sinatra auftreten und dem was Freundliches vorträllern? Ist er wirklich schon die Omma, der man noch viele schöne Jahre wünscht, während man insgeheim hofft, daß sie möglichst bald abnippelt, weil es ja gar nicht auszuhalten ist, wie sie immer herumnervt?

Als wär's eine Wohltätigkeitsgala wie »Künstler in Not«, mühten sich viele berühmte Menschen, dem Publikum zu versichern, daß der Jubelsenior früher mal all diese schönen Lieder geschrieben und selber gesungen habe. Kris Kristofferson nennt ihn »einen der stärksten Künstler unserer Zeit«, was ja nicht ganz falsch ist. Stevie Wonder sagt etwas über die fortdauernde Bedeutung eines Songs, redet von der Bürgerrechtsbewegung, von Vietnam, Watergate und der Apartheid und spricht zum Schluß auch noch eine Wahlempfehlung für den Präsidentschaftskandidaten Bill Clinton aus (den er nicht beim Namen nennt), der die Tradition fortzusetzen verspricht. Zweieinhalb Wochen später wurde tatsächlich Bill Clinton zum Präsidenten gewählt;

Mit diesen Liedern hätte jeder Troubadour jede Frau gewonnen: »I've seen love go by my door / It's never been this close before / Never been so easy or so slow.«

Und wenn es die satanische Majestät persönlich wäre? Manchmal nämlich kommt er als Friedensbringer. Redegewandt ist dieser Satan und versteht die Worte wohl zu setzen.

Bob Dylan wird zur Feier des Amtsantritts im folgenden Januar spielen, obwohl Clintons Wahlslogan so weichgespült war wie die mehrfach runderneuerte Band Fleetwood Mac, von der er ihn bezog: »Don't Stop Thinkin' About Tomorrow«. Grandios das Aufgebot an Stars – aber ist es das nicht immer wieder gewesen seit Woodstock? Ist der popmusikschaffende Künstler nicht seither verpflichtet, sich zusammenzurotten für eine dubiose Sache, und heute eben Dylan?

Die Peinlichkeit ist damit längst nicht zu Ende. Auftritt Sinéad O'Connor, selber grade wieder in einer ihrer vielen Metamorphosen befangen. Eine Woche zuvor hatte sie in der Fernsehshow »Saturday Night Live« ein Bild des Papstes zerrissen, des Feindes der Geburtenkontrolle und obersten Reaktionärs. (Wir wollen ihn nicht vergessen, er wird im weiteren Verlauf unserer Geschichte sogar noch persönlich auftreten.) Nicht einmal dem metropolitanen New Yorker Publikum hatte das gefallen; es buhte jedenfalls, als Sinéad O'Connor auf der Bühne erschien. Selbst wenn man das wetterwendische Mädchen verabscheut, durfte man in dieser Nacht (denn nachts sendete die ARD die Jubelfeier) an der Welt verzweifeln: Bei einem Fest zu Ehren eines ehemaligen Protestsängers, der sich in seiner besten Zeit mehr als ein paar Buhrufe eingefangen hatte, empörte sich das wohltätigkeitsball-verliebte Publikum über eine kleine Impertinenz, über etwas, das nicht einmal vor ihm auf der Bühne geschah, sondern bereits eine Woche zurücklag. Der musterhafte Amerikaner Frank Sinatra mußte sich zwei Jahre zuvor sogar aufregen, weil die Irin Miss O'Connor sich weigerte, in New Jersey die amerikanische Nationalhymne zu singen. So findet sich am Ende alles im großen amerikanischen Schoß zusammen. Oder in seinen Worten: In ihrem Spiel bist du nur der Bauer. Sinéad O'Connor jedenfalls erstarrte vor dem Mikro, ließ sich Unruhe und Buhrufe gefallen, riß sich dann die Kopfhörer aus den Ohren und trug Bob Marleys »War« vor. Kris Kristofferson immerhin nahm die Verstörte nachher in den Arm.

Fehlt nur noch unser Held. George Harrison kündigt ihn an als »Bobby«, als »Zimmie«, als »Lucky«. Die Feier-Nacht erreicht ihren greisen Höhepunkt, als zum Ende hin ein stocksteifer Bob Dylan nach vorne wankt. Bei der vorangegangenen Deutschlandtournee benötigte er gelegentlich die helfenden Hände von gleich zwei Männern, um überhaupt den Weg auf die Bühne und vors Mikrophon zu finden. Diesmal schafft er es alleine, droht aber jeden Moment nach hinten umzukippen.

Dylan läßt sich das Mundharmonikagestell umhängen, nimmt die Gitarre und krächzt und näselt, wie es bestimmt nicht mehr Okie ist, sondern nur noch schlechte Verfassung. Erschütternd, einfach erschütternd. Nur wenn er an der Mundharmonika saugt, unterbricht er für Momente diese peinliche Schaustellung. Drängend die Gitarre bei »I'm Alright, Ma (I'm Only Bleeding)«, aber wenn er verkündet, daß er nichts mehr habe, für das sich zu leben lohne, kriegt er die Stimme überhaupt nicht mehr hoch; der Vortrag der Worte fällt ihm schon schwer genug. Wie so oft in den letzten Jahren wirkt Dylan schwerstens bedröhnt, lustlos ohnehin und so fehl am Platz wie eine Kuh im Surfkurs. Ebenso elegant schrummt er über seine Gitarre, keucht in den Hobel, bis er gnädig von einem Kreis Verehrer überspielt wird, in den sich auch die einst so machtvolle Begleitgruppe The Band eingereiht hat. »My Back Pages« im Wechselgesang und dann das unvermeidliche »Knockin' On Heaven's Door«, bei dem auch Sinéad O'Connor wieder mitsingen darf: eine unsynchronisierte Altmänner- und -weibervolksversammlung, als wären wirklich schon alle auf dem Weg nach draußen. Ein Trauerspiel.

Dreißig Jahre zuvor, mit Anfang Zwanzig, spielte Dylan überzeugend den alten Mann, der alles gesehen hat und nichts verzeiht. Die gesamte Erblast der fahrenden Sänger trug er auf dem Buckel, der Staub der Okies verklebte ihm die Haare, der Ruß der streikenden Bergarbeiter fraß ihm die Stimmbänder weg, der Fusel der wandernden Sänger umwehte ihn mitsamt den Legenden von Messerstechereien und Eifersuchtsmorden. Alles lief auf ihn zu, und er faßte die ganze untergründige Geschichte der USA in seinen Liedern zusammen. Und wenn unter seinen allzeit gültigen Hetzversen auf die amerikanische Regierung eine verdächtige Cowboy- und Gangsterfolklore aufblickte, dann entsprach er damit ohnehin unserem gleichgestimmten Sentimentalitätsbedürfnis. Inzwischen war Dylan vorausgealtert, ein jammervoller Greis von 51 Jahren, der andere gegen die »Masters Of War« singen läßt (jugendlich empört: Pearl Jam) und selber in West Point auftritt, in der Schleifanstalt für den amerikanischen Militärnachwuchs.

– – –

174

Wie peinlich, im reifen Alter noch jemand anzuschwärmen, und noch peinlicher, sich am großen Bob zu versuchen. Jedes Geschmacksurteil ist zu falsifizieren durch den besseren Geschmack eines anderen. Jedes erwähnte Lied, jede Songzeile vernachlässigt eine andere, das und die nicht vorkommt. Es ist schließlich ein riesiges Œuvre und, was der Sache wirklich den Spaß austreibt, extensiv beackertes Gelände. Hier brilliert der sonst unterforderte Hermeneutiker, und Doktorarbeiten über die Lyrik Bob Dylans führen unweigerlich auf einen Lehnstuhl für Kulturgeschichte. Was bleibt da dem kleinen Fan, wie soll er seine scheue Verehrung entbieten, an welchem Altar seine stille Liebe niederlegen, in welcher Kirche anbeten, wenn alles schon bevölkert ist mit Händlern und Geldwechslern?

Denn der kleine Fan, nicht wahr?, er ist als einziger unschuldig geblieben. »Erfolg hat immer etwas Gewöhnliches«, sagte der zuzeiten erfolgreiche Oscar Wilde, »die größten Männer scheitern.« Gewöhnlich, ja. Es ist nicht leicht, ein Gott zu sein.

Und dann immer wieder diese Szenen, die einen mit dem heiligen Meister versöhnen: Er kam einfach nicht zu seiner eigenen Party.

Haare, Sonnenbrille, Mundharmonika: Das Bild aus der coolen Zeit in Greenwich Village schmückte dann auch die »Bootleg Series Vols. 1–3«.

Der Sänger, nicht der Song
THE NEVER ENDING TOUR

er Kreuzzug ist noch nicht zu Ende. Klageweiber gab's genug, aber die weinenden Frauen von Jerusalem waren nicht dabei, und auch Simon von Kyrene wollte nicht auftauchen, um ihm wenigstens vorübergehend das Kreuz tragen zu helfen. Trug er es eben selber. 1994 feierte Woodstock sein 25. Jubiläum, und wenn er schon jeden Blödsinn mitmachte, warum sollte er nicht auch da auftreten. Beim ersten Mal war er ausgerissen, als die Hippies in Saugerties einfielen, war lieber in England auf der Isle of Wight aufgetreten, und er haßte die Hippies weiter, weil sie ihm keine Ruhe ließen, an die Tür kamen, ein Autogramm wollten und am liebsten wahrscheinlich gleich ein Baby als Andenken mitgenommen hätten. Woodstock, für das er gewiß mitverantwortlich war, hatte alles ruiniert. Deshalb mußte er beim Gedächtniskonzert unbedingt dabeisein. Poetische Gerechtigkeit.

Inzwischen gab es eine Sparte im amerikanischen Musikgeschäft, die sich »Adult Rock« nennt, rhythmische Musik für Erwachsene oder das permanente Wunschkonzert für die mittlere Generation, die durch Woodstock geprägt ist und immer noch die alten Lieder hören will. Kann man ihr auch nicht verdenken, denn Michael Jackson oder die Spice Girls, das ist doch eher was für die Kleinen. Bob Dylan als Nostalgieprogramm, nicht übel. Im Himmel, heißt es im Großen Buch, herrsche mehr Freude über einen Sünder, der heimgefunden habe, als über 99 Gerechte. Wie mußte da erst die Musikindustrie jauchzen, als sie Dylan einfangen konnte! Und weil eh schon alles Wurscht war, trat er im Herbst nach Woodstock bei MTV in der Serie »Unplugged« auf. Was bekanntgeworden ist über die Produktion, mußte die schlimmsten Befürchtungen bestätigen; die Industrie hatte ihn gefressen mit Haut und Haar.

Studiomanager achteten darauf, daß in den vorderen Reihen nur junge, ansehnliche Menschen saßen; Zuschauer über dreißig, gar erst grauhaarige, wurden auf die rückwärtigen Plätze verwiesen. Jeder Song wurde mit Beifall begrüßt und am Schluß mit sogenannter stehender Ovation bedacht. Zweifellos musikkundige Einpeitscher forderten immer wieder zu Spontanapplaus auf. Wären die Songs nicht bösartigerweise unterschiedlich lang gewesen, man hätte die Aufzeichnung kaum unterscheiden können von dem beliebten Beifall vom Band in TV-Sitcoms. Weil die MTV-Leute mit dem ersten Versuch nicht so ganz zufrieden waren, kam Dylan ein weiteres Mal und tat

Monsters of Rock, hier mit Neil Young. Der jüngere Bruder begann als Kopie des älteren und machte sich dann durch seine Hartnäckigkeit selbständig.

etwas, das er nicht einmal bei den Aufnahmen zu seinen eigenen Platten machte, spielte alles noch mal, spielte brav seine »Greatest Hits«, damit die Kinder, die ihn kaum kannten, ihn auch jetzt nicht kannten und ihre Eltern sich die Ohren rieben. Bob Dylan sollte das sein? »Love Minus Zero« singt er da und zerstört es. Eine Zeitlang war es üblich, das als Dekonstruktion und Punk und so Quatsch auszugeben, aber mir erklärt keiner, warum Dylan, wo er einmal die Gelegenheit hätte, seine Stücke ohne die Sound-Mullbinde vorzutragen, in die er sie sonst gern einwickelt, wo er nicht bloß über die Saiten klampfen, sondern sogar greifen könnte, die Songs bewußt zerstört. Punk, ha. Er hat bei der Aufnahme nur kein Interesse an diesem Lied (an den anderen ebensowenig). Und wenn ihm gar nichts mehr einfällt, gebraucht er kurz die Mundharmonika. »Dignity«, dieses späte Stück, eignet sich dafür und bedurfte auch nicht der Gelegenheit eines Akustikabends. Bob Dylan ist unter die Räuber gefallen, unter die Händler und Geldwechsler, und niemand, der ihm wenigstens einen Leibriemen reichte, damit diese Usurpatoren aus dem Hause seines Herrn zu verjagen.

Die alte Sonnenbrille ist wieder da, aber ist es noch der alte Bob? Vielleicht auch nur – wer weiß das schon? – der wiedergeborene Dylan.

Auf dem Cover der dazu fälligen CD sind freundlicherweise die Texte abgedruckt, die man bei dem maulfaulen Vortrag vielleicht noch weniger versteht als zwanzig Jahre zuvor. Damals wurden Dylan-Dechiffrier-Syndikate gegründet, aber hier sieht der Text plötzlich so bescheiden aus, als lohnte er das ganze Grübeln nicht mehr. Die MTV-Kundschaft wird's gefreut haben. Bob Dylan trägt sein großgepunktetes Hemd und die undurchdringliche Sonnenbrille – noch immer der Hipster, der 1965 die Traditionalisten in Newport verschreckte.

Wieder macht er einem angst, aber nicht wie die 1985 angerufenen Nothelfer Chuck Berry, Elvis und Little Richard, sondern weil er nicht einmal mehr seine eigenen Songs achtet.

Der englische Dichter William Wordsworth hat einmal geschrieben: »We poets in our youth begin in gladness; / But thereof come in the end despondency and madness.« Man braucht nur lange genug auszuhalten im Geschäft, und Schwermut und Wahnsinn sind die logische Folge. In einem Interview nach dem Erscheinen seiner bisher letzten Platte verwendet Dylan selber dieses Wort, »despondency«, sagt, er versuche, sich »auf der Grenze zwischen Schwermut und Hoffnung« zu halten.

Und dann, 1997, das Jubeljahr, die Wiederkehr: Eine neue Platte kündigt sich an, die erste mit Eigenkompositionen seit sieben Jahren; die lebensgefährliche Herzbeutelerkrankung; wundersame Genesung mit anschließender Danksagung beim Papst höchstpersönlich, der ihn als musikalisches Begleitprogramm zum Eucharistischen Weltkongreß samt Seligsprechung eines lokalgroßen Märtyrers nach Bologna einlädt. Heiliger geht's eigentlich schon nicht mehr. Oder doch, denn auch die Welt erkennt Dylans Bedeutung: Im Dezember wird er mit Lauren Bacall, Charlton Heston und Jessye Norman ins Kennedy Center aufgenommen.

Der Papst, warum macht er das? Ist das nicht Verrat? Geldgier? Wahrscheinlich. Darf der das überhaupt? fragte sich nicht bloß die ehemals kommunistische »L'Unita«. Wird er wenigstens (Konterbande allerwege!) seine alte Friedensbotschaft verkünden? Eine Frage der Ehre: Darf sich der Künstler, darf sich das parexzellierende autonome Subjekt auch noch so pompös der Una Sancta unterwerfen? Der guten alten katholischen Kirche, einem Traditionsunternehmen mit den besten Referenzen für Ketzerverfolgungen, Hexenverbrennungen und dergleichen und bestimmt nicht berühmt für Freigeisterei? [Bologna; näher nie. Die Begeisterung, die Vor- und Nachfreude, wie immer nicht mitzuteilen; muß auch nicht sein. Am Vorabend draußen vor einem Restaurant in Bologna mit zwei Amerikanern auf der Durchreise. Viel jünger als Bob Dylan sind sie, aber schon jetzt reaktionärer als die Feinde, die er sich in den Sechzigern machte. Sie klappern Maschinenbauer in Europa ab, kaufen für den heimischen Markt Spezialgeräte ein. Dann renommieren sie mit dem, was es in diesem

Hat er eigentlich genügend Anzüge für diese Auftritte? »Propaganda, all is phony«, und schlimmer geht's ja bald nicht mehr. Bob Dylan und Lauren Bacall.

komischen Europa nicht gibt, aber was jeder zu Hause herumliegen und -stehen hat: 22 Knarren der eine und 25 der andere. »Aber man muß sich doch verteidigen!« sagen sie und verstehen das kleinmütige europäische Geskrupel nicht. »With God On Our Side«. Denn fromm sind sie natürlich auch noch.]

Es steht arg schlimm um die Welt und deshalb auch um die eiserne Werteration des Abendlands. Die Rolling Stones suchen bei ihrer Tournee im selben Jahr 1997 zum ersten Mal Las Vegas heim, die Steppenwolf-Hymne »Born To Be Wild« läuft als Jingle für einen Karamelriegel im Fernsehen, und dann beugt auch noch Bob Dylan das Knie vor dem Papst! O tempora, o Schmarrn!

Auf die Frage, was er von der neuen Rock-'n'-Roll-Ruhmeshalle halte, antwortet Dylan: »Mich überrascht nichts mehr.« Lassen wir uns deshalb nicht gleich hinreißen von der Kulturkritik, betrachten wir die Sache ausnahmsweise philosophisch (sie verdient es). Mit dem Altern der guten alten Schundmusik macht sich allerdings ein schändlicher Gagaismus breit, der die young-collections-Werbung von C&A aufs Innigste mit Erich Mielkes Liebeserklärung an sein Volk verbindet. Es ist alles schön und gut, alles eins, und wenn wir uns nur an den Händen fassen, wird auch der lieben One World nix geschehen. Deshalb ist es längst wurschtegal, wer da auftritt und in welchem Zusammenhang. Hauptsache, ein paar teure Namen sind dabei, droben wie drunten. Selbst die Popmusik ist ein gesellschaftliches Ereignis, wenn sie nur richtig verkauft wird. In Bologna wurde sie auf einem Gelände verkauft, auf dem sonst das Gemüse aus der Emilia Romagna en gros weggeht.

In der guten alten Zeit hätte es so was nicht gegeben. Da saß Walther von der Vogelweide auf seinem Steine und hatte Mühe, über den Winter zu kommen. Maßlos, wie er war, predigte er dem Kaiser wegen irgendwelcher Versäumnisse ins Gewissen und wollte dafür dann auch noch durchgefüttert werden. Erst lang nach dem Mittelalter wurde die Kunst demokratisch, und jetzt ist es das Volk, das den Künstler am Leben erhält. Die Momente sind deshalb selten geworden, wo der Künstler stolz und zugleich voll der Demut einem Souverän aufspielt. Eines der raren Beispiele aus jüngerer Zeit lieferte der Musikant John Lennon, der auf einer Gala in Anwesenheit der königlichen Familie die legendären Worte sprach: »Die Leute auf den billigen Sitzen mögen klatschen; ihr auf den besseren Plätzen könnt ja mit euren Edelsteinen rasseln.«

Es nahm bekanntlich ein böses Ende mit diesem vorwitzigen Herrn. Andererseits können sie auch richtig nett sein, die Künstler. Nach seinem zweiten Stück, in dem er schwer elektrifiziert gedroht hatte, daß demnächst der große Regen komme, legt der Sänger Bob Dylan seine Gitarre zur Seite, steigt gemessen die steilen Stufen zum päpstlichen Thron empor, nimmt unterwegs den Cowboyhut ab (keine Jarmulke darunter diesmal) und verneigt sich artig vor dem Allerheiligsten Vater. Der nickt huldvoll, der Segen ist dem Sänger gewiß, und die Gage auch. Als »surreales« Erlebnis wird er es später bezeichnen. Für eine

Kleinigkeit, die Neider auf eine halbe Million Mark oder sogar Dollar schätzen, ließ sich Bob Dylan einfliegen, sang genau drei Stücke und verschwand wieder. Der Künstler, da leidet's keinen Zweifel, hat endgültig über die Brotherren dieser Welt triumphiert.

Papst Johannes Paul II. war nach Bologna gekommen, um bei Gelegenheit des 39. Eucharistiekongresses den Priester Bartolomeo Maria dal Monte seligzusprechen. Ein eifriger Monsignore hatte sich als Begleitprogramm ein Fest für die Jugend ausgedacht, sich der Unterstützung von Alitalia und VW versichert und zur höheren Ehre von Papst und Kirche neben den einheimischen Musikern Adriano Celentano, Lucio Dalla und Andrea Bocelli auch den momentan alles andere als katholischen Bob Dylan eingeladen.

»Come senators, congressmen / Please heed the call.« Und so strömten sie herein, die leitenden Herren vom städtischen Wasserwirtschaftsamt und von der Straßenpolizei, ihre mageren blondierten Frauen eingehängt. Gleich daneben ein selten zu betrachtendes Geviert aus zwanzig, dreißig vorwiegend lilafarbenen Prälaten, Monsignores und Bischöfen, die wie alle anderen Würdenträger von sehr kurz berockten Mädchen an die richtigen Tribünenplätze geführt wurden.

Dem italienischen Staatsfernsehen RAI war es eine gewaltige Ehre, das Konzert, in dem sich Musiker und die Jugend im nicht nur spirituellen Beisein des Papstes gute Nacht sagten, in ganzer Länge zu

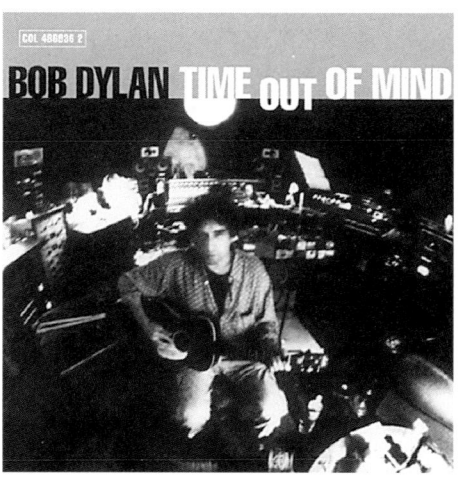

»Time Out Of Mind«, das bisher letzte Comeback und eine von Dylans düstersten Platten: »Tryin' to get to heaven, before they close the door.«

Papst Johannes Paul II. übernimmt die Textredaktion von »Blowin' In The Wind«
und erläutert, daß der Mensch letzten Endes nur eine Straße hinunterzugehen
habe, jene, die direkt zu Gott führt.

übertragen. Bevor es auf Sendung ging, hatte auch hier ein Einpeitscher abgestimmtes Jubeln eingeübt. Auf den Monitoren lief noch Reklame für Streichkäse und Mon Chéri, als der aus Film, Funk und
Fernsehen bekannte Heilige Vater in seinem beinah ebenso berühmten gläsernen Wagen ins Stadion neben der Autobahn einrollte. »Propaganda, all is phony.« Über eine Großbildleinwand wurden die Aber-
tausende rechtzeitig informiert, wenn eine der beiden Krankameras
auf sie zuschwenkte. Zum Glück rächte sich das System dann doch.
Schon die Begrüßungsworte hauten den straff wie fürs ZDF-Fernseh-
ballett organisierten Zeitplan durcheinander. Die Künstler erhielten
mehr Beifall, als im Programm vorgesehen, und schließlich überzog
der Papst höchstpersönlich bei seiner Ansprache an die Jugend gera-
dezu kulenkampffmäßig.
Die Hand zittert ihm, er wirkt vollkommen erschöpft und hat Mühe,
den vorbereiteten Text fehlerfrei abzulesen. Als aber der Beifall für
seine Worte immer größer wird, extemporiert er und warnt seine Ju-

gend vor den Versuchungen der säkularen Welt. Und, o Wunder, die bekannteste Hymne der Popmusik, sie hat auch das allerhöchste Ohr erreicht: Sie sollten sich nicht vom Wind verwehen lassen, die jungen Menschen. Als Propagandagenie missioniert der Papst, wo er steht und geht. Zitiert also den Anfang von Dylans Psalm (»How many roads must a man walk down / Before you can call him a man?«) und gibt sich gleich selber die Antwort: eine einzige. »Eine einzige Straße gibt es nur für den Menschen, und die heißt Christus.«

Versteht sich, daß auch die Botschaft des Papstes nicht ohne Werbung zu haben war. Deshalb wurde das Schauspiel und damit die Live-Übertragung für vier Minuten unterbrochen, und auf der Leinwand konnte man sehen, welche Jugend mit diesem Samstagabendprogramm gemeint war. Da wurden nacheinander Fältchencreme, Backpulver, ein Hörgerät, ein Wollwaschmittel, reichlich Schokolade und Fischstäbchen beworben. Der einzige halbwegs nach Rockmusik riechende Clip galt dem herben Parfum Harley-Davidson.

Die örtlichen Honoratioren waren begeistert von Andrea Bocelli, als der die Ersatznationalhymne »Nessun Dorma« vortrug, und fast noch mehr von Adriano Celentano, der im Abendanzug Ben E. Kings »Stand By Me« zu »Preghero« und einem lotrechten Lob Gottes verkitschte. Wenn Popmusik so rückstandsfrei runtergeht, hat sich der Gang zum Friseur und zur Maniküre gelohnt.

Eine kleinere Affäre gab es auch noch: Michel Petrucciani spielte ein Duett mit Lucio Dalla (Klarinette) sowie ein eigenes Solo. Dann arbeitete er sich mit seinen Krücken an die Stufen vor dem Papst vor, wo sich aber niemand fand, der ihm hinaufgeholfen hätte. Da wußte der Künstler wieder, wo er hingehört. Das Fernsehen hatte natürlich kein Auge für diese sagenhafte Unmenschlichkeit, und außerdem war es sowieso viel schöner, den blinden Bocelli von seinem Dirigenten zum Papst hinaufgeführt zu sehen. Bei aller Liebe: Mehr als einen Behinderten verkraftet das Fernsehen dann doch nicht.

Und plötzlich, in all das dumme Gesülze aus Gospel und Musical-Muzak, aus Arien und Jazz-Impromptus, tatsächlich Konterbande, klang sie auf, die alte, böse Teufelsmusik. Zur Sicherheit auf englisch sang eine blonde Fernsehgröße namens Barbara Coda John Lennons »Imagine« einschließlich der Zeile »Stell dir vor, es gibt keine Religion mehr ...«

Aber da ist es noch weit hin. »Something is happening.« Der Papst jedenfalls geruhte, auch das gutzuheißen. Religion ist das keine, eher das Evangelium Pop, und das hat selten jemandem geschadet. Außer vielleicht den Mächtigen dieser Erde, denn kaum schlug Bob Dylan die ersten Hiebe über seine Gitarre, verließen die Stadtoberen panisch ihre schönen Panoramaplätze neben der Bühne. Der Papst verkraftete auch die unfrohe Botschaft vom profanen Weltuntergang durch das liebe Atom und hielt noch eine Zeitlang aus. Er war, wie sich inzwischen erwies, selber nur das Vorprogramm für Bob Dylan.

[Hinausgeschlendert, denn hier irgendwo war Bob Dylan verschwunden. An der Seite neben der staats- und stadttragenden Tribüne Behelfsräume, ein multifunktionales Irgendwas. Da drin hatte man ihm seine Garderobe eingerichtet. Tatsächlich kam er nach einiger Zeit heraus, vorn und hinten von Manndeckern begleitet, eisig, paranoid, ängstlich vielleicht. Ein Fluchtfahrzeug stand bereit. Fast hätte ich ihn berühren können und hab's natürlich nicht getan. Die Menschen, berichten die Evangelisten, suchten ihn zu berühren, wenigstens seines Kleides Saum zu fassen, denn vor Gott ist kein Ding unmöglich und kein Wunder. Er sah gar nicht so schauerlich aus wie auf so vielen Fotos. Einer rief: »Remember McDougal!« War das eine Frage oder ein Befehl, ein weiterer »Judas!«-Rufer? Es kam natürlich keine Antwort, Bob Dylan stieg ins Auto und ließ sich wegfahren. Die postkonzertante Depression, der Schmerz über das jähe Ende, sonst kaum zu lindern, war hier schnell aufgehoben, denn in einer Kabine, wo gerade noch die Aufzeichnung für die RAI abgemazt wurde, ist eben die Kopie des heutigen Auftritts fertig geworden. Einer der Techniker läßt die Kassette in die Tasche neben seinem Schreibtisch sacken. Auch dieser illegale Mitschnitt muß hinaus unter alle Völker. Jajaja, es gibt einen Gott.]

Er war auf den Tod krank gewesen. Von Aids wurde gemunkelt, keiner wußte Genaueres, nur daß Bob Dylan kurz vor seinem 56. Geburtstag in New York ins Krankenhaus eingeliefert wurde. Hinterher ist man immer schlauer. Dylan, noch leichenblaß: »Ich glaubte schon, ich würde demnächst Elvis sehen.« Es handelte sich um Histoplasmose, eine Pilzerkrankung, die er sich durch das Einatmen von getrocknetem Hühnerdreck geholt hatte und die seinen Herzbeutel befiel. Wer wollte es ihm also verübeln, wenn er vier Monate später dem

Papst den Gassenhauer »Knockin' On Heaven's Door« vortrug und kurz nach seinem eigenen Pochen den Text dergestalt veränderte: »Like not so many times before«.

Solche größeren oder kleineren Variationen sind nicht der einzige Grund dafür, daß jedes Konzert anders ausfällt. Seit langem schon sind Bob Dylans Studioaufnahmen nur mehr zweit- oder drittrangig. Sie sind ebenso Zufallsprodukt wie seine Konzerte, abhängig von der Tagesform. Immer ist er auf Tournee irgendwo in der Welt, Never Ending Tour mit oft 150 Auftritten pro Jahr mit Patti Smith, den Grateful Dead, mit Paul Simon oder Carlos Santana. Erst die Probe vor Publikum kann ihn genug reizen, daß er so gut spielt, wie er manchmal eben doch wieder spielt. Trotz strenger Kontrollen wird so gut wie jedes Konzert mitgeschnitten und ist Tage später im Umlauf, und mit einer Hingabe, wie sie sonst nur aus der textkritischen Hölderlin-Philologie bekannt ist, wird alles verglichen.

[Drum darf ich hier noch mein schönstes Konzert erwähnen, im Juli 1994 in Dresden an der Elbe. Es war mindestens zum Fürchten, als nachmittags der Soundcheck ein gargliges »one, two, one, two« über

Die rätselhafte Krankheit, die Bob Dylan fast umgebracht hätte, heißt Histoplasmose und hatte seinen Herzbeutel befallen.

Bob Dylan mit Ronnie Wood beim Mastercard Masters of Music Festival, gefördert von Prinz Charles, am 29. Juli 1996 in London. Sie werden doch hoffentlich Cash bezahlt worden sein?

die Elbe auf die Brühlsche Terrasse wehte, wo Ostalgie-Reisende ein knappes Viertel ihrer Monatsrente beim Gedeck mit Kuchen ließen. In Prag hatte er Václav Havel auf die Bühne geholt, in Dresden war er wieder ganz allein mit seiner Band. Bleich, ernst und steif in dem schwarzen Predigerhabit aus Charles Laughtons »Nacht des Jägers«, gab Bob Dylan den besten Johnny Cash, den wir nie hatten. Der Junge aus dem Norden spielte virtuos wie ein Cajun, spielte den Sumpf-Blues aus den Südstaaten, als hätte er sein Lebtag nichts anderes gemacht. Seine Songs, längst volkseigenes Liedgut und Weltpoesie dazu, nölte er pressiert wie immer herunter, sang »All Along The Watchtower« mindestens so kryptisch wie einst Jimi Hendrix. 12.000 Gläubige hockten brav auf den amphitheatralischen Stufen der ehemaligen königlichen Stallwiese und bejubelten jedes einzelne Stück, ohne daß es einen Einpeitscher gebraucht hätte. Friedlich dunkelt es über der Brühlschen Terrasse, die Gerüstplanen versinken samt den Arbeiterregalen am jenseitigen Ufer in der Nacht. Prächtig und fett geht der böse Mond von Alabama über Dresden auf. Ein Bild fast wie von Johan Christian Clausen Dahl: die Augustusbrücke, die Frauenkirche, die Semperoper, in deren Licht die letzten Elbmöwen erstrahlen. Und heute leistet sich Dylan eine beinah religiöse Inbrunst, als er sich in »Love Minus Zero« stürzt, »No Limits«. Bei der Zugabe erklärt er, auf gar keinen Fall länger auf Maggies Farm arbeiten zu wollen. »It Ain't Me Babe«, warnt er noch mal. In mir habt ihr einen, auf den könnt ihr nicht bauen. Ein Glück. Verbeugung und ab in die Vollmondnacht.]

Beinah wäre »Time Out Of Mind« sein Vermächtnis geworden. Grabesdunkel, ton- und fast auch stimmlos trägt Dylan auf seiner bislang letzten Platte wie vom Totenbett vor, bettelt um »Erlösung« und beeilt sich, »in den Himmel zu kommen, ehe sie die Tür zumachen«. Einen so frommen Diener liebt der Papst ganz gewiß. Die Erlösung kommt freilich nie, unendliche Melancholie verdüstert die Szene, und der Songwriter »spaziert über den einsamen Friedhof«. Inzwischen ist es nicht mehr die zerstörte Industrielandschaft von Hibbing, sondern jene »in meinem Kopf«. Der Produzent Daniel Lanois, der ihm schon bei »Oh Mercy« zur Hand ging, hat für Dylan eine rauchige Nachtclubatmosphäre geschaffen. Jim Dickinson orgelt auf dem Klavier, Duke Robillard pickt streng auf der Gitarre, so daß es manchmal wie bei den Doors klingt, die Songs von Bert Brecht und Kurt Weill probieren. Die düstere Stimmung steigert sich schließlich in ein 16 Minuten langes Talking, das Sprechstück »Highlands«. Dylan mag den Schmelz seiner Stimme mittlerweile völlig eingebüßt haben, hier gelingt ihm ein ganz und gar ergreifendes Stück, kunstlos, verzweifelt ernst und auch wieder komisch wie ein Dialog in einem Film von W. C. Fields.

Das Unterwegssein mag Bob Dylan angeboren sein, es bleibt jeder Auftritt ein Abenteuer. Jedes Konzert kann abstürzen, und jedes kann das beste aller Zeiten werden.

1997 wird doch noch ein gutes Jahr. Bob Dylan ist die beste Platte seit langem gelungen, die unweigerlich mit einem Grammy ausgezeichnet wird. Sein Freund Allen Ginsberg hat schon weitergedacht. Kurz vor dem eigenen Tod will er für die Ewigkeit vorsorgen und empfiehlt Bob Dylan in Stockholm für den Literaturnobelpreis; mehrere Professoren in den USA und in England unterstützen die Nominierung: »Dylan ist ein bedeutender amerikanischer Poet und Sänger des 20. Jahrhunderts, dessen Worte viele Generationen in der ganzen Welt beeinflußt haben. Er verdient den Nobelpreis in Anerkennung seiner gewaltigen und universellen Fähigkeiten.« Mag man gar nicht widersprechen; irgendwo zwischen T. S. Eliot und Pablo Neruda hätte ich ihn auch angesiedelt.

Ginsberg, seit Jahrzehnten umtriebige Betriebsnudel und immer im Einsatz für seine Freunde, ist schließlich ein strategischer Kopf gewesen. Zwar hat er es ebenso wie Burroughs zum Mitglied der American Academy gebracht, aber bis zum Nobelpreis reichen die Verbindungen doch nicht. »Ich wollt', ich wär Bob Dylan!« seufzt ein anderer Dichter, Robert Creeley. Der Literatur der Beats fehlt genau das, was Bob Dylan überreich zur Verfügung steht: Musikalität. Alles, was sich Burroughs und Kerouac und Ginsberg zusammenträumten und in endlos geschwätzigen Texten aufs Papier krampften, flog dem jungen Dylan-Mozart mühelos zu. »Große Entdeckung«, textet Ginsberg auf dem Innencover von »Desire« im schönsten Kerouac-Stakkato, »in diesen Songs kulminiert die Poesie-Musik, wie sie in den Fünfzigern und Sechzigern erträumt wurde«. Ginsberg beruft sich auf den Arzt und Dichter William Carlos Williams, baut auf die heilende Kraft der Poesie und nennt das Album im Untertitel »Songs Of Redemption«, Lieder der Erlösung. Williams besaß die Gabe, sagt Ginsberg, Dylan kann noch mehr: »Dichter tragen vor, Dichter singen mit Instrumenten und Bongos – fester Rhythmus unter elastischer Sprache, Dichter allein am Mikrophon, rezitiert / singt surreale Geschichte, Liebestext, der endet mit riesenhaftem ›YEAH!‹« O, er kann schwärmen, Ginsberg! »Visions Of Johanna« oder »Bob Dylan's 115th Dream« oder »Desolation Row« übertreffen alle Gedichte Ginsbergs, und jedes für sich hat einen besseren Sound als der ganze Kerouac.

Und selbst wenn sich eines Tages und wider Erwarten herausstellen sollte, daß Bob Dylan kein Messias ist und auch kein wiedergeborener

Christus, kein Buddha oder Zarathustra oder sonstwas Nettes, sondern einfach nur Bob Dylan, so hat er uns unterwegs doch zu besseren Menschen gemacht. Dank Dylan dürfen wir ruhig weiter an das Gute im Menschen und vor allem im Rock 'n' Roll glauben. Der Rock 'n' Roll, schon wahr, ist ein aufgelegter Schwindel, aber es gibt nichts Besseres. »The only thing I knew how to do / Was to keep on keepin' on like a bird that flew.« Die Tournee darf niemals aufhören.

»›YEAH!‹ wenn der fahrende Sänger sein Herz aufschließt & sagt, er will bleiben«, jubelt Allen Ginsberg über »Isis«. Wirklich? »Ich werde nur noch kurze Zeit bei euch sein, dann kehre ich zu dem zurück, der mich gesandt hat.« (Joh 7,33) Dennoch wird er, und das ist sein Versprechen, Ginsberg ist sein Zeuge, bei uns bleiben bis ans Ende der Welt.

Und dies ist die Geschichte vom hl. Bob, ungefähr so, wie sie in einem Kirchenfenster meiner Heimat zu finden ist.

FADE OUT

Es macht keinen Spaß, habe ich vorher gesagt, auch nur von fern Zeuge eines derart epischen Niedergangs zu werden, wie ihn Bob Dylan mit marternder Konsequenz über Jahrzehnte hingelegt hat. Selbst der frömmste Dylanologe wird den Abstieg von dem leicht verschlagenen Liebeslied »To Ramona« (1964) zu »Baby, Stop Crying« (1978) zugeben müssen, von »Ramona, come closer, / Shut softly your watery eyes« zu dem ewig und chorverstärkt wiederholten »Baby, stop crying, stop crying« auf »Street-Legal«. Eine Schande. Es ist vielleicht auch das Vorrecht des Herrn Künstlers, sich mit diesem Schmarrn von dem amphetaminen Druck von früher zu befreien, aber herrgottnochmal!, schön war es nicht.

Es ist wieder schön.

Bob Dylan hat sich, hoffe ich und hoffe ich ausführlich genug gesagt zu haben, gefangen, und ebensosehr hoffe ich auf ein gigantisches Spätwerk. Die Kerze dafür steht allzeit im Doppelfenster. Wer wird denn Verse schreiben wie »Everybody is making love / Or else expecting rain«? Wer, wenn nicht Bob Dylan? Ich frag ja bloß.

Wolfram Altenhövel wußte alles und konnte alles beschaffen. Danken muß ich auch Alexander Fest und Gunnar Schmidt für nie nachlassende Unterstützung. Schließlich –

> *Some speak of the future,*
> *My love she speaks softly …*

für die heilige Dreifaltigkeit,
für Annette, Thomas und Michael[1]

---

1 der am 13. Juli 1996 auf der Hamburger Pferderennbahn beim Konzert Bob Dylan/ Neil Young zum ersten Mal richtig laufen konnte; oder doch kurz davor.

»Writing about rock 'n' roll ...!
I mean ... you know, how indecent can you be?«
BOB DYLAN

BÜCHER UND ANDERES

Carl Benson (Hrsg.): The Bob Dylan Companion. Four Decades of Commentary. New York 1998.

Bob Dylan: Lyrics/Songtexte 1962-1985. Deutsch von Carl Weissner und Walter Hartmann. Frankfurt am Main 2000.

Andy Gill: Classic Bob Dylan 1962-1969. My Back Pages. London 1998.

Dave Henderson: Touched By the Hand of Bob. Epiphanal Bob Dylan Experience From a Buick Six. Pewsey 1999.

Clinton Heylin: Dylan: Behind the Shades. The Biography. London 1991.

Clinton Heylin: Dylan. Behind Closed Doors. The Recording Sessions (1960–1994). London 1996.

C.P. Lee: Like the Night. Bob Dylan and the Road to the Manchester Free Trade Hall. London 1998.

C.P. Lee: Like a Bullet of Light. The Films of Bob Dylan. London 2000.

Greil Marcus: Basement Blues. Bob Dylan und das alte, unheimliche Amerika. Deutsch von Fritz Schneider. Hamburg 1998.

Tim Riley: Hard Rain. A Dylan Commentary. New York 1999.

Anthony Scaduto: Bob Dylan. London 1996.

Robert Shelton: No Direction Home. The Life and Music of Bob Dylan. New York 1986.

Larry Sloman: On the Road With Bob Dylan. Rolling With the Thunder. New York 1978.

Paul Williams: Like A Rolling Stone. Die Musik von Bob Dylan 1960–1973. Aus dem Amerikanischen von Kathrin Razum. Heidelberg 1994.

Paul Williams: Forever Young. Die Musik von Bob Dylan 1974–1986. Aus dem Amerikanischen von Kathrin Razum. Heidelberg 1995.

Motto: Bob Dylan (B.D.), in: »TV Guide«, Sept. 11–17, 1976.

Die Legende vom heiligen Hobo: Beattie Zimmerman über B.D. bei Sloman, S. 313. Internat: Heylin (1991), S. 14. Heilige: B.D. im Booklet zu »Biograph« (1985), S. 9. Dave Berger, zitiert nach Henderson, S.19. Stricher: Shelton, S. 90. Stil bei den Folkies: B.D. im Booklet (1985), S. 13. Auffallen: ebd., S. 13. Sheltons Hymne: »New York Times« vom 29. September 1961, zitiert und übersetzt nach dem Faksimile bei Shelton. Tb-Stimme: »Time«, 31. Mai 1963, zitiert nach Shelton, S. 191.

Glory Days: B.D. bei der Preisverleihung: vgl. Shelton, S. 201. Die Beatles: Scaduto, S. 175.

Speed Kills: Drogen: B.D. 1978, zitiert nach Heylin (1991), S. 168. Puertorikaner:

Sloman, S. 261. An Gott verkauft: Ginsberg 1966, zitiert nach Heylin (1991), S. 144.

Der englische Patient: Keith Cameron, zitiert nach Henderson, S. 12.

Motorcycle Nightmare: Joan Baez auf Motorrad: zitiert nach Gill, S. 109.

New Morning: Fliegende Untertasse: B.D. 1985, zitiert nach James Miller: Flowers in the Dustbin. The Rise of Rock and Roll 1947–1977. New York 1999, S. 303. Details zu den Dreharbeiten von »Pat Garrett jagt Billy the Kid« bei C. P. Lee (2000).

Nach ihm die Sintflut: Zur Legende von den Kartenwünschen vgl. Fred Goodman: »The Mansion on the Hill. Dylan, Young, Geffen, Springsteen, and the Head-on Collision of Rock and Commerce«. New York 1998 (1997), S. 250f.

»Blood On The Tracks«: Bewußt-unbewußt: B.D. 1978, zitiert nach Heylin (1991), S. 245. Frau verstehen: ebd., S. 244. Die Botschaft des Eselskarrens: B.D. 1975, Sloman, S. 405f.

Glaubensgewißheiten und andere Irrfahrten: Joel Bernstein beschreibt den automatischen Dylan bei Clinton Heylin (1991), S. 287. Die schadenfrohe Joan Baez: Heylin (1991), S. 292. B.D. über Scheidung und Ehe: Shelton, S. 473. Die Laudatio von Bruce Springsteen steht bei Heylin (1991), S. 422. Dylans Erweckung, Umkehr und die nachfolgenden Bekehrungsversuche sind wiederum bei Heylin (1991) schön dokumentiert: S. 327–358. Dylan über »Desolation Row«: »Rolling Stone« vom 5. November 1987, S. 301. John Lennons Ferndiagnose: vgl. Riley, S. 269. Ronnie Hawkins nach Henderson, S. 73. »Rolling Stone« vom 16. November 1989, »The 100 Greatest Albums of the 80's« auf S. 53–148.

Heute dreißig Jahr: Der Sitzstreik: Henderson, S. 11.

Der Sänger, nicht der Song: B.D. über »Schwermut und Hoffnung« im Gespräch mit Robert Hilburn in der »Los Angeles Times« vom 14. Dezember 1997 (zitiert nach Benson, S. 249). Rock-'n'-Roll-Ruhmeshalle: B.D. 1995. »Surreal« nennt er die Begegnung mit dem Papst in einem Interview mit »Guitar World«, März 1999, S. 114. Dylan und Elvis: »International Herald Tribune« vom 3. Juni 1997. Wie sich Bob Dylan die Herzbeutelerkrankung zugezogen haben könnte, steht bei C. P. Lee (2000), S. 73.

Endmotto: B.D., 1984 im Gespräch mit Bernhard Kleinman (zitiert nach Benson, S. 38).

DISKOGRAPHIE

Aufgenommen wurden nur LPs, später CDs. Kompilationen erscheinen, soweit sie neue Stücke enthalten.

Bob Dylan *Seite 1:* You're No Good (J. Fuller). Talkin' New York. In My Time Of Dyin' (Traditional; arrangiert von B. Dylan). Man Of Constant Sorrow (Traditional; arrangiert von B. Dylan). Fixin' To Die (B. White). Pretty Peggy-O (Traditional). Highway 51 (C. Jones). *Seite 2:* Gospel Plow (Traditional; arrangiert von B. Dylan). Baby Let Me Follow You Down (E. Von Schmidt; G. Davis). House Of The Risin' Sun (Traditional; arrangiert von B. Dylan). Freight Train Blues (Traditional; arrangiert von B. Dylan). Song To Woody. See That My Grave Is Kept Clean (Traditional; Blind Lemon Jefferson). Aufgenommen am 20. und 22. November 1961 in New York. Veröffentlicht am 19. März 1962.

The Freewheelin' Bob Dylan *Seite 1:* Blowin' In The Wind. Girl From The North Country. Masters Of War. Down The Highway. Bob Dylan's Blues. A Hard Rain's A-Gonna Fall. *Seite 2:* Don't Think Twice, It's All Right. Bob Dylan's Dream. Oxford Town. Talking World War III Blues. Corinna, Corinna (Traditional; arrangiert von B. Dylan). Honey, Just Allow Me One More Chance (H. Thomas; B. Dylan). I Shall Be Free. Aufgenommen zwischen dem 24. April 1962 und dem 23. April 1963 in New York. Veröffentlicht am 27. Mai 1963.

The Times They Are A-Changin' *Seite 1:* The Times They Are A-Changin'. Ballad Of Hollis Brown. With God On Our Side. One Too Many Mornings. North Country Blues. *Seite 2:* Only A Pawn In Their Game. Boots Of Spanish Leather. When The Ship Comes In. The Lonesome Death Of Hattie Carroll. Restless Farewell. Aufgenommen zwischen dem 6. August und 31. Oktober 1963 in New York. Veröffentlicht am 13. Januar 1964.

Another Side Of Bob Dylan *Seite 1:* All I Really Want To Do. Black Crow Blues. Spanish Harlem Incident. Chimes Of Freedom. I Shall Be Free No. 10. To Ramona. *Seite 2:* Motorpsycho Nightmare. My Back Pages. I Don't Believe You. Ballad In Plain D. It Ain't Me Babe. Aufgenommen am 9. Juni 1964 in New York. Veröffentlicht am 8. August 1964.

Bringing It All Back Home *Seite 1:* Subterranean Homesick Blues. She Belongs To Me. Maggie's Farm. Love Minus Zero/No Limit. Outlaw Blues. On The Road Again. Bob Dylan's 115th Dream. *Seite 2:* Mr. Tambourine Man. Gates Of Eden. It's Alright, Ma (I'm Only Bleeding). It's All Over Now, Baby Blue. Aufgenommen zwischen dem 13. und 15. Januar 1965 in New York. Veröffentlicht am 22. März 1965.

Highway 61 Revisited (auch unter dem Titel **Subterranean Homesick Blues**) *Seite 1:* Like A Rolling Stone. Tombstone Blues. It Takes A Lot To Laugh, It Takes A Train To Cry. From A Buick 6. Ballad Of A Thin Man. *Seite 2:* Queen Jane Approximately. Highway 61 Revisited. Just Like Tom Thumb's Blues. Desolation Row. Aufgenommen zwischen dem 21. Mai und 4. August 1965 in New York. Veröffentlicht am 30. August 1965.

Blonde On Blonde   *Seite 1:* Rainy Day Woman # 12 & 35. Pledging My Time. Visions Of Johanna. One Of Us Must Know (Sooner Or Later).   *Seite 2:* I Want You. Stuck Inside Of Mobile With The Memphis Blues Again. Leopard-Skin Pill-Box Hat. Just Like A Woman.   *Seite 3:* Most Likely You Go Your Way And I'll Go Mine. Temporary Like Achilles. Absolutely Sweet Marie. 4th Time Around. Obviously 5 Believers.   *Seite 4:* Sad Eyed Lady Of The Lowlands. Aufgenommen zwischen dem 5. Oktober 1965 und dem 10. März 1966 in New York und Nashville. Veröffentlicht am 16. Mai 1966.

John Wesley Harding   *Seite 1:* John Wesley Harding. As I Went Out One Morning. I Dreamed I Saw St. Augustine. All Along The Watchtower. The Ballad Of Frankie Lee And Judas Priest. Drifter's Escape.   *Seite 2:* Dear Landlord. I Am A Lonesome Hobo. I Pity The Poor Immigrant. The Wicked Messenger. Down Along The Cove. I'll Be Your Baby Tonight. Aufgenommen zwischen dem 17. Oktober und 29. November 1967 in Nashville. Veröffentlicht am 27. Dezember 1967.

Nashville Skyline   *Seite 1:* Girl From The North Country. Nashville Skyline Rag. To Be Alone With You. I Threw It All Away. Peggy Day.   *Seite 2:* Lay Lady Lay. One More Night. Tell Me That It Isn't True. Country Pie. Tonight I'll Be Staying Here With You. Aufgenommen zwischen dem 13. und 18. Februar 1969 in Nashville. Veröffentlicht am 9. April 1969.

Self Portrait   *Seite 1:* All The Tired Horses. Alberta #1 (Traditional; arrangiert von B. Dylan). I Forgot More Than You'll Ever Know (C. A. Null). Days Of 49 (Traditional). Early Mornin' Rain (G. Lightfoot). In Search Of Little Sadie (Traditional; arrangiert von B. Dylan).   *Seite 2:* Let It Be Me (M. Curtis, G. Becaud, P. Delano). Little Sadie (Traditional; arrangiert von B. Dylan). Woogie Boogie (Instrumental). Belle Isle (Traditional; arrangiert von B. Dylan). Living The Blues. Like A Rolling Stone.   *Seite 3:* Copper Kettle (The Pale Moonlight) (Traditional). Gotta Travel On (P. Clayton, L. Erlich, D. Lazar, T. Six). Blue Moon (L. Hart; R. Rodgers). The Boxer (P. Simon). The Mighty Quinn (Quinn The Eskimo). Take Me As I Am (Or Let Me Go) (G. Thompson; E. Battle).   *Seite 4:* Take A Message To Mary (B. und F. Bryant). It Hurts Me Too (Traditional; arrangiert von B. Dylan). Minstrel Boy. She Belongs To Me. Wigwam (Instrumental). Alberta #2 (Traditional; arrangiert von B. Dylan). Aufgenommen zwischen dem 24. April 1969 und dem 5. März 1970 in Nashville, New York, sowie am 31. August 1969 live beim Festival auf der Isle of Wight. Veröffentlicht am 8. Juni 1970.

New Morning   *Seite 1:* If Not For You. Day Of The Locusts. Time Passes Slowly. Went To See The Gypsy. Winterlude. If Dogs Run Free.   *Seite 2:* New Morning. Sign On The Window. One More Weekend. The Man In Me. Three Angels. Father Of Night. Aufgenommen zwischen März und Ende Juni 1970 in New York und Nashville. Veröffentlicht am 21. Oktober 1970.

More Bob Dylan's Greatest Hits (amerikanischer Titel: **Bob Dylan's Greatest Hits Vol. II**)
Seite 1: Watching The River Flow. Don't Think Twice, It's All Right. Lay Lady Lay. Stuck Inside Of Mobile With The Memphis Blues Again.   *Seite 2:* I'll Be Your Baby Tonight. All I Really Want To Do. My Back Pages. Maggie's Farm. Tonight I'll Be Staying Here With You.   *Seite 3:* She Belongs To Me. All Along The

Watchtower. The Mighty Quinn (Quinn The Eskimo). Just Like Tom Thumb's Blues. A Hard Rain's A-Gonna Fall.   *Seite 4:* If Not For You. It's All Over Now, Baby Blue. Tomorrow Is A Long Time. When I Paint My Masterpiece. I Shall Be Released. You Ain't Goin' Nowhere. Down In the Flood. Veröffentlicht am 17. November 1971.

Pat Garrett & Billy The Kid   *Seite 1:* Main Title Theme (Billy). Cantina Theme (Workin' For The Law). Billy 1. Bunkhouse Theme. River Theme.   *Seite 2:* Turkey Chase. Knockin' On Heaven's Door. Final Theme. Billy 4. Billy 7. Aufgenommen im Januar und Februar 1973 in Mexico City und dem kalifornischen Burbank. Veröffentlicht am 13. Juli 1973.

Dylan   *Seite 1:* Lily Of The West (E. Davies; J. Peterson). Can't Help Falling In Love (G. Weiss, H. Peretti, L. Creatore). Sarah Jane (Traditional; arrangiert von B. Dylan). The Ballad Of Ira Hayes (P. La Farge).   *Seite 2:* Mr. Bojangles (J. J. Walker). Mary Ann (Traditional). Big Yellow Taxi (J. Mitchell). A Fool Such As I (B. Trader). Spanish Is The Loving Tongue (Ch. Badger; C.-J. Williams). Aufgenommen 1969 und 1970 in New York und Nashville. Veröffentlicht am 16. November 1973.

Planet Waves   *Seite 1:* On A Night Like This. Going, Going, Gone. Tough Mama. Hazel. Something There Is About You. Forever Young.   *Seite 2:* Forever Young. Dirge. You Angel You. Never Say Goodbye. Wedding Song. Aufgenommen zwischen Juni und dem 10. November 1973 in New York und Los Angeles. Veröffentlicht am 17. Januar 1974.

Before The Flood   *Seite 1:* Most Likely You Go Your Way And I'll Go Mine. Lay Lady Lay. Rainy Day Woman # 12 & 35. Knockin' On Heaven's Door. It Ain't Me Babe. Ballad Of A Thin Man.   *Seite 2:* Up On Cripple Creek (J.R. Robertson). I Shall Be Released. Endless Highway (J.R. Robertson). The Night They Drove Old Dixie Down (J.R. Robertson). Stage Fright (J.R. Robertson).   *Seite 3:* Don't Think Twice, It's All Right. Just Like A Woman. It's Alright, Ma (I'm Only Bleeding). The Shape I'm In (J.R. Robertson). When You Awake (J.R. Robertson; R. Manuel). The Weight (J.R. Robertson).   *Seite 4:* All Along The Watchtower. Highway 61 Revisited. Like A Rolling Stone. Blowin' In the Wind. Veröffentlicht am 20. Juni 1974.

Blood On The Tracks   *Seite 1:* Tangled Up In Blue. Simple Twist Of Fate. You're A Big Girl Now. Idiot Wind. You're Gonna Make Me Lonesome When You Go. *Seite 2:* Meet Me In The Morning. Lily, Rosemary And The Jack Of Hearts. If You See Her, Say Hello. Shelter From The Storm. Buckets Of Rain. Aufgenommen zwischen dem 16. September und 30. Dezember 1974 in New York und Minneapolis. Veröffentlicht am 17. Januar 1975.

The Basement Tapes   *Seite 1:* Odds And Ends. Orange Juice Blues (Blues For Breakfast) (R. Manuel). Million Dollar Bash. Yazoo Street Scandal (J.R. Robertson). Goin' To Acapulco. Katie's Been Gone (J.R. Robertson; R. Manuel).   *Seite 2:* Lo And Behold! Bessie Smith (R. Danko; J.R. Robertson). Clothes Line Saga. Apple Suckling Tree. Please, Mrs. Henry. Tears Of Rage (B. Dylan; R. Manuel).

Seite 3: Too Much Of Nothing. Yea! Heavy And A Bottle Of Bread. Ain't No More Cane (Traditional; arrangiert von The Band). Crash On The Levee (Down In The Flood). Ruben Remus (J.R. Robertson; R. Manuel). Tiny Montgomery. *Seite 4:* You Ain't Goin' Nowhere. Don't Ya Tell Henry. Nothing Was Delivered. Open The Door Homer. Long Distance Operator. This Wheel's On Fire (B. Dylan; R. Danko). Aufgenommen zwischen Juni und November 1967 in Woodstock und West Saugerties (beides ganz weit oben im Staate New York). Veröffentlicht am 26. Juni 1975.

Desire *Seite 1:* Hurricane. Isis. Mozambique. One More Cup Of Coffee. Oh Sister. *Seite 2:* Joey. Romance In Durango. Black Diamond Bay. Sara. Außer »Sara« und »One More Cup Of Coffee« wurden alle Songs in Zusammenarbeit mit Jacques Levy geschrieben. Aufgenommen zwischen dem 14. Juli und dem 24. Oktober 1975. Veröffentlicht am 16. Januar 1976.

Hard Rain *Seite 1:* Maggie's Farm. One Too Many Mornings. Stuck Inside Of Mobile With The Memphis Blues Again. Oh Sister (B. Dylan; J. Levy). Lay Lady Lay. *Seite 2:* Shelter From The Storm. You're A Big Girl Now. I Threw It All Away. Idiot Wind. Aufgenommen beim Konzert der Rolling Thunder Revue am 16. Mai im Terrent County Convention Center im texanischen Forth Worth sowie am 23. Mai 1976 im Hughes Stadium in Fort Collins, Colorado. Veröffentlicht am 10. September 1976.

Masterpieces *Seite 1:* Knockin' On Heaven's Door. Mr. Tambourine Man. Just Like A Woman. I Shall Be Released. Tears Of Rage (B. Dylan; R. Manuel). All Along The Watchtower. One More Cup Of Coffee. *Seite 2:* Like A Rolling Stone. The Mighty Quinn (Quinn The Eskimo). Tomorrow Is A Long Time. Lay Lady Lay. Idiot Wind. *Seite 3:* Mixed Up Confusion. Positively 4th Street. Can You Please Crawl Out Your Window? Just Like Tom Thumb's Blues. Spanish Is The Loving Tongue (Ch. Badger; C.-J. Williams). George Jackson. Rita May (B. Dylan; J. Levy). *Seite 4:* Blowin' In The Wind. A Hard Rain's A-Gonna Fall. The Times They Are A-Changin'. Masters Of War. Hurricane (B. Dylan; J. Levy). *Seite 5:* Maggie's Farm. Subterranean Homesick Blues. Ballad Of A Thin Man. Mozambique (B. Dylan; J. Levy). This Wheel's On Fire (B. Dylan; R. Danko). I Want You. Rainy Day Woman # 12 & 35. *Seite 6:* Don't Think Twice, It's All Right. Song To Woody. It Ain't Me Babe. Love Minus Zero/No Limit. I'll Be Your Baby Tonight. If Not For You. If You See Her, Say Hello. Sara. Eine umfassende, wenn auch ziemlich wirre Kompilation aus dem Gesamtwerk sowie etliche bis dahin unveröffentlichte Songs. Erschienen am 25. Februar 1978 und zunächst nur in Japan, Australien und Neuseeland zu haben.

Street-Legal *Seite 1:* Changing Of The Guards. New Pony. No Time To Think. Baby Stop Crying. *Seite 2:* Is Your Love In Vain? Señor (Tales Of Yankee Power). True Love Tends To Forget. We Better Talk This Over. Where Are You Tonight? (Journey Through Dark Heat). Aufgenommen im April 1978 in Santa Monica. Veröffentlicht am 15. Juni 1978.

Bob Dylan At Budokan *Seite 1:* Mr. Tambourine Man. Shelter From The Storm. Love Minus Zero/No Limit. Ballad Of A Thin Man. Don't Think Twice, It's All Right. *Seite 2:* Maggie's Farm. One More Cup Of Coffee (Valley Below). Like A Rolling

Stone. I Shall Be Released. Is Your Love In Vain? Going, Going, Gone.   *Seite 3:* Blowin' In The Wind. Just Like A Woman. Oh Sister (B. Dylan; J. Levy). Simple Twist Of Fate. All Along The Watchtower. I Want You.   *Seite 4:* All I Really Want To Do. Knockin' On Heaven's Door. It's Alright, Ma (I'm Only Bleeding). Forever Young. The Times They Are A-Changin'. Aufgenommen bei der Japan-Tournee im Februar und März 1978. Veröffentlicht in Japan im Juli 1978, in den USA am 23. April 1979.

Slow Train Coming   *Seite 1:* Gotta Serve Somebody. Precious Angel. I Believe In You. Slow Train.   *Seite 2:* Gonna Change My Way Of Thinking. Do Right To Me Baby (Do Unto Others). When You Gonna Wake Up. Man Gave Names To All The Animals. When He Returns. Aufgenommen vom 30. April bis 13. Mai 1979 in Sheffield, Alabama. Veröffentlicht am 18. August 1979.

Saved   *Seite 1:* A Satisfied Mind (R. Hayes; J. Rhodes). Saved (B. Dylan; T. Drummond). Covenant Woman. What Can I Do For You? Solid Rock.   *Seite 2:* Pressing On. In The Garden. Saving Grace. Are You Ready? Aufgenommen vom 11. bis 15. Februar 1980 in Sheffield, Alabama. Veröffentlicht am 20. Juni 1980.

Shot Of Love   *Seite 1:* Shot Of Love. Heart Of Mine. Property Of Jesus. Lenny Bruce. Watered-Down Love.   *Seite 2:* The Groom's Still Waiting At The Altar. Dead Man, Dead Man. In The Summertime. Trouble. Every Grain Of Sand. Aufgenommen zwischen September 1980 und Mai 1981 in verschiedenen Studios im Raum Los Angeles. Veröffentlicht am 12. August 1981.

Infidels   *Seite 1:* Jokerman. Sweetheart Like You. Neighborhood Bully. Licence To Kill.   *Seite 2:* Man Of Peace. Union Sundown. I And I. Don't Fall Apart On Me Tonight. Aufgenommen zwischen dem 11. April und dem 5. Juli 1983 in New York. Veröffentlicht am 1. November 1983.

Real Live   *Seite 1:* Highway 61 Revisited. Maggie's Farm. I And I. License To Kill. It Ain't Me Babe.   *Seite 2:* Tangled Up In Blue. Masters Of War. Ballad Of A Thin Man. Girl From The North Country. Tombstone Blues. Aufgenommen Anfang Juli 1984 in Newcastle, London und Slane (Irland). Veröffentlicht am 29. November 1984.

Empire Burlesque   *Seite 1:* Tight Connection To My Heart (Has Anybody Seen My Love). Seeing The Real You At Last. I'll Remember You. Clean-Cut Kid. Never Gonna Be The Same Again.   *Seite 2:* Trust Yourself. Emotionally Yours. When The Night Comes Falling From The Sky. Something's Burning, Baby. Dark Eyes. Aufgenommen zwischen Juli 1984 und März 1985 in New York und Los Angeles. Veröffentlicht am 27. Mai 1985.

Biograph   *Seite 1:* Lay Lady Lay. Baby, Let Me Follow You Down (E. Von Schmidt; G. Davis). If Not For You. I'll Be Your Baby Tonight. I'll Keep It With Mine. *Seite 2:* The Times They Are A-Changin'. Blowin' In The Wind. Masters Of War. Lonesome Death Of Hattie Carroll. Percy's Song.   *Seite 3:* Mixed-Up Confusion. Tombstone Blues. The Groom's Still Waiting At The Altar. Most Likely You Go Your Way And I'll Go Mine. Like A Rolling Stone.   *Seite 4:* Lay Down Your Weary Tune. Subterranean Homesick Blues. I Don't Believe You (She Acts Like We Never Have

Met). Visions Of Johanna. Every Grain Of Sand. *Seite 5:* Quinn The Eskimo. Mr. Tambourine Man. Dear Landlord. It Ain't Me Babe. You Angel You. Million Dollar Bash. *Seite 6:* To Ramona. You're A Big Girl Now. Abandoned Love. Tangled Up In Blue. It's All Over Now, Baby Blue. *Seite 7:* Can You Please Crawl Out Your Window? Positively 4th Street. Isis (B. Dylan; J. Levy). Jet Pilot. Caribbean Wind. Up To Me. *Seite 8:* Baby, I'm In The Mood For You. I Wanna Be Your Lover. I Want You. Heart Of Mine. On A Night Like This. Just Like A Woman. *Seite 9:* Romance In Durango (B. Dylan; J. Levy). Señor (Tales Of Yankee Power). Gotta Serve Somebody. I Believe In You. Time Passes Slowly. *Seite 10:* I Shall Be Released. Knockin' On Heaven's Door. All Along The Watchtower. Solid Rock. Forever Young. Diverse Aufnahmen, »the good, the bad, and the ugly«, wie James Miller sagt, von 1961 und »den grünen Weiden von Harvard University« bis zur Gegenwart – aus dem Studio und von verschiedenen Konzerten (Belfast 1966!), Fehlversuche und Alternativversionen. Unverzichtbar für jeden Fan, der mit beiden Beinen fest auf dem Boden der üblichen Vertriebswege steht. Veröffentlicht am 4. November 1985.

Knocked Out Loaded   *Seite 1:* You Wanna Ramble (H. Parker, jr.). They Killed Him (K. Kristofferson). Driftin' Too Far From Shore. Precious Memories (Traditional). Maybe Someday. *Seite 2:* Brownsville Girl (B. Dylan; S. Shepard). Got My Mind Made Up (B. Dylan; T. Petty). Under Your Spell (B. Dylan; C.B. Sager). Aufgenommen zwischen dem 24. Juli 1984 und Mai 1986 in New York, Los Angeles und London. Veröffentlicht am 14. Juni 1986.

Down In The Groove   *Seite 1:* Let's Stick Together (W. Harrison). When Did You Leave Heaven? (W. Bullock; R. Whiting). Sally Sue Brown (J. Alexander, E. Montgomery, T. Stafford). Death Is Not The End. Had A Dream About You, Baby. *Seite 2:* Ugliest Girl In The World (B. Dylan; R. Hunter). Silvio (B. Dylan; R. Hunter). Ninety Miles An Hour (Down A Dead End Street) (H. Blair; D. Robertson). Shenandoah (Traditional). Rank Strangers To Me (A. Brumley). Aufgenommen zwischen Ende August 1986 und Mai 1987 in London und Los Angeles. Veröffentlicht am 31. Mai 1988.

Dylan & The Dead   *Seite 1:* Slow Train. I Want You. Gotta Serve Somebody. Queen Jane Approximately. *Seite 2:* Joey (B. Dylan; J. Levy). All Along The Watchtower. Knockin' On Heaven's Door. Mitschnitt von Konzerten im Sommer 1987 mit den Grateful Dead. Veröffentlicht am 6. Februar 1989.

Oh Mercy   *Seite 1:* Political World. Where Teardrops Fall. Everything Is Broken. Ring Them Bells. Man In The Long Black Coat. *Seite 2:* Most Of The Time. What Good Am I? Disease Of Conceit. What Was It You Wanted. Shooting Star. Aufgenommen in New Orleans zwischen dem 7. und 24. März 1989. Veröffentlicht am 19. September 1989.

Under The Red Sky   *Seite 1:* Wiggle Wiggle. Under The Red Sky. Unbelievable. Born In Time. T.V. Talkin' Song. *Seite 2:* 10,000 Men. 2 x 2. God Knows. Handy Dandy. Cat's In The Well. Aufgenommen zwischen Januar und März 1990 in verschiedenen Studios im Raum Los Angeles. Veröffentlicht am 11. September 1990.

The Bootleg Series 1961 Vols. 1 – 3 *CD 1:* Hard Times In New York Town. He Was A Friend Of Mine (Traditional; arrangiert von B. Dylan). Man On The Street. No More Auction Block (Traditional; arrangiert von B. Dylan). House Carpenter (Traditional; arrangiert von B. Dylan). Talkin' Bear Mountain Picnic Massacre Blues. Let Me Die In Your Footsteps. Rambling Gambling Willie. Talkin' Hava Negeilah Blues. Quit Your Lowdown Ways. Worried Blues (Traditional; arrangiert von B. Dylan). Kingsport Town (Traditional; arrangiert von B. Dylan). Walkin' Down The Line. Walls Of Red Wing. Paths Of Victory. Talking John Birch Paranoid Blues. Who Killed Davey Moore? Only A Hobo. Moonshiner (Traditional; arrangiert von B. Dylan). When The Ship Comes In. The Times They Are A-Changin'. Last Thoughts On Woody Guthrie.   *CD 2:* Seven Curses. Eternal Circle. Suze (The Cough Song). Mama, You Been On My Mind. Farewell, Angelina. Subterranean Homesick Blues. If You Gotta Go, Go Now (Or Else You Go To Stay All Night). Sitting On A Barbed Wire Fence. Like A Rolling Stone. It Takes A Lot To Laugh, It Takes A Train To Cry. I'll Keep It With Mine. She's Your Lover Now. I Shall Be Released. Santa-Fé. If Not For You. Wallflower. Nobody 'Cept You. Tangled Up In Blue. Call Letter Blues. Idiot Wind.   *CD 3:* If You See Her, Say Hello. Golden Loom. Catfish (B. Dylan; J. Levy). Seven Days. Ye Shall Be Changed. Every Grain Of Sand. You Changed My Life. Need A Woman. Angelina. Someone's Got A Hold Of My Heart. Tell Me. Lord Protect My Child. Foot Of Pride. Blind Willie McTell. When The Night Comes Falling From The Sky. Series Of Dreams. Die umfassendste Kompilation von verworfenen oder einfach Alternativversionen, wie sie bis dahin nur auf Raubkopien zu haben waren. Veröffentlicht am 26. März 1991.

Good As I Been To You *Seite 1:* Frankie & Albert (J. Hurt). Jim Jones (Traditional; M. Slocum). Blackjack Davey (Traditional). Canadee-I-O (Traditional). Sittin' On Top Of The World (Traditional). Little Maggie (Traditional). Hard Times (St. Foster).   *Seite 2:* Step It Up And Go (B. McGhee). Tomorrow Night (S. Coslow; W. Grosz). Arthur McBride (Traditional). You're Gonna Quit Me (Traditional; Blind Blake). Diamond Joe (Traditional). Froggie Went A-Courtin' (Traditional). Aufgenommen im Juli und August 1992 in Malibu. Veröffentlicht am 3. November 1992.

World Gone Wrong World Gone Wrong (Traditional; Mississippi Sheiks). Love Henry (T. Paley). Ragged & Dirty (W. Brown). Blood In My Eyes (Traditional; Mississippi Sheiks). Delia (Blind Willie McTell). Broke Down Engine (Blind Willie McTell). Stack-A-Lee (F. Hutchinson). Two Soldiers (M. Seeger). Jack-A-Roe (T. Paley). Lone Pilgrim (B.F. White; A.M. Pace). Aufgenommen im Mai 1993 in Malibu. Veröffentlicht am 26. Oktober 1993.

Bob Dylan's Greatest Hits Vol. 3   Tangled Up In Blue. Changing Of The Guards. The Groom's Still Waiting At The Altar. Hurricane (B. Dylan; J. Levy). Forever Young. Dignity. Silvio (B. Dylan; R. Hunter). Ring Them Bells. Gotta Serve Somebody. Series Of Dreams. Brownsville Girl (B. Dylan; S. Shepard). Under The Red Sky. Knockin' On Heaven's Door. Veröffentlicht am 11. November 1994.

MTV Unplugged   Tombstone Blues. Shooting Star. All Along The Watchtower. The Times They Are A-Changin'. John Brown. Desolation Row. Rainy Day Woman # 12 & 35. Love Minus Zero/No Limit. Dignity. Knockin' On Heaven's Door. Like A Rolling Stone. With God On Our Side. Aufgenommen am 17. und 18. November 1994 in New York. Veröffentlicht am 18. April 1995.

Time Out Of Mind   Love Sick. Dirt Road Blues. Standing In The Doorway. Million Miles. Tryin' To Go To Heaven. 'Til I Fell In Love With You. Not Dark Yet. Cold Irons Bound. Make You Feel My Love. Can't Wait. Highlands. Veröffentlicht am 29. September 1997.

The Bootleg Series Vol. 4: Bob Dylan Live 1966. The »Royal Albert Hall« Concert
CD 1: She Belongs To Me. Fourth Time Around. Visions Of Johanna. It's All Over Now, Baby Blue. Desolation Row. Just Like A Woman. Mr. Tambourine Man.
CD 2: Tell Me, Momma. I Don't Believe You (She Acts Like We Never Have Met). Baby, Let Me Follow You Down. Just Like Tom Thumb's Blues. Leopard-Skin Pill-Box Hat. One Too Many Mornings. Ballad Of A Thin Man. Like A Rolling Stone. Aufgenommen beim Konzert in der Free Trade Hall in Manchester (Großbritannien) am 17. Mai 1966. Veröffentlicht im Oktober 1998.

The Best Of Bob Dylan Vol. 2   Things Have Changed. A Hard Rain's A-Gonna Fall. It Ain't Me, Babe. Subterranean Homesick Blues. Positively 4th Street. Highway 61 Revisited. Rainy Day Women # 12 & 35. I Want You. I'll Be Your Baby Tonight. Quinn The Eskimo (The Mighty Quinn). Simple Twist Of Fate (B. Dylan; J. Levy). Hurricane. Changing Of The Guards. License To Kill. Silvio (B. Dylan; R. Hunter). Dignity. Not Dark Yet. Highlands. Blowin' In The Wind. Veröffentlicht am 21. Juni 2000.

BILDNACHWEIS

Archiv/Interfoto (15)
Archiv für Kunst und Geschichte (43, 105)
Bilderberg/Popperfoto (50, 85, 109, 126)
dpa (47, 104, 148, 176, 180)
Barry Feinstein (52, 72/73, 75, 81, 116)
Fotex: J. Blakesberg (160, 179), R. Drechsler (158), Koenig (66, 163),
    H. Kuehn (155), Rex (64, 76, 110), Shoot.Star/Och (112, 114)
Das Fotoarchiv: F. Kaplan (123), John Launois (45, 82),
    Dan McCoy (95), Charles Moore (34, 35)
Christof Graf (171, 172)
Jazz Archiv Hamburg (151)
Keystone (37, 70, 92, 98, 102, 138, 161, 164, 168, 189)
kpa/Archive Photos (78)
Daniel Kramer (2, 22, 40, 57, 58)
Elliott Landy (84, 86, 87, 90, 95, 97)
Jan Persson (60)
Picture Press: Camera Press (55, 182), Morgan Renard/Corbis (143),
    Sygma (19, 20, 25, 31, 185)
pwe Kinoarchiv Hamburg (12, 113, 131, 134)
Stone (15, 61)
Ullstein Bilderdienst (6, 30, 59, 106, 120)
Jens Winter (191)

© 2001 Alexander Fest Verlag, Berlin

Alle Rechte vorbehalten,
auch das der photomechanischen Wiedergabe
Bebilderung: Verena v. Koskull, Berlin
Umschlaggestaltung: Ott + Stein, Berlin
Umschlagreproduktion: MetaDesign AG, Berlin
Buchgestaltung: ⓢ sans serif, Berlin
Reproduktionen: Mega-Satz-Service, Berlin
Gesetzt aus der Sabon und der Folio
Druck und Bindung: Clausen & Bosse, Leck
Printed in Germany 2001
ISBN 3-8286-0077-8